ASHLEY DAVIS BUSH

KEEP CALM

Mit Gelassenheit durch das Auf und Ab des Lebens

Für Maria, die ein Lichtstrahl ist

Für die englische Ausgabe:
Autorin Ashley Davis Bush
Projektleitung Pollyanna Poulter
Projektbetreuung Leanne Bryan
Gestaltung und Satz Miranda Harvey

Für die deutsche Ausgabe:
Programmleitung Monika Schlitzer
Redaktionsleitung Anne Heinel
Projektbetreuung Doreen Wolff
Herstellungsleitung Dorothee Whittaker
Herstellungskoordination Ksenia Lebedeva
Herstellung Claudia Bürgers

Übersetzung Wiebke Krabbe, Damlos
Lektorat lesezeichen Verlagsdienste, Köln

Titel der englischen Originalausgabe: The art & power of acceptance.
Your guide to inner peace.

Der Originaltitel erschien 2019 in Großbritannien bei Gaia,
Octopus Publishing Group Ltd, London.

ISBN 978-3-8310-3850-3

Druck und Bindung: China

www.dorlingkindersley.de

Hinweis
Die Informationen und Ratschläge in diesem Buch
sind von der Autorin und vom Verlag sorgfältig erwogen und geprüft,
dennoch kann eine Garantie nicht übernommen werden. Eine Haftung
der Autorin bzw. des Verlags und seiner Beauftragten für Personen-,
Sach- und Vermögensschäden ist ausgeschlossen.

INHALT

Prolog 6

1
Der Prozess: Widerstand — Annahme — neue Möglichkeiten 23

2
Der Schlüssel: Selbstmitgefühl 49

3
Sich selbst akzeptieren 81

4
Andere akzeptieren 109

5
Die eigene Situation akzeptieren 133

6
Die Vergangenheit akzeptieren 157

7
Leben mit neuen Möglichkeiten 183

Epilog 210

Literaturhinweise 220

Register 222

Dank und Bildnachweis 224

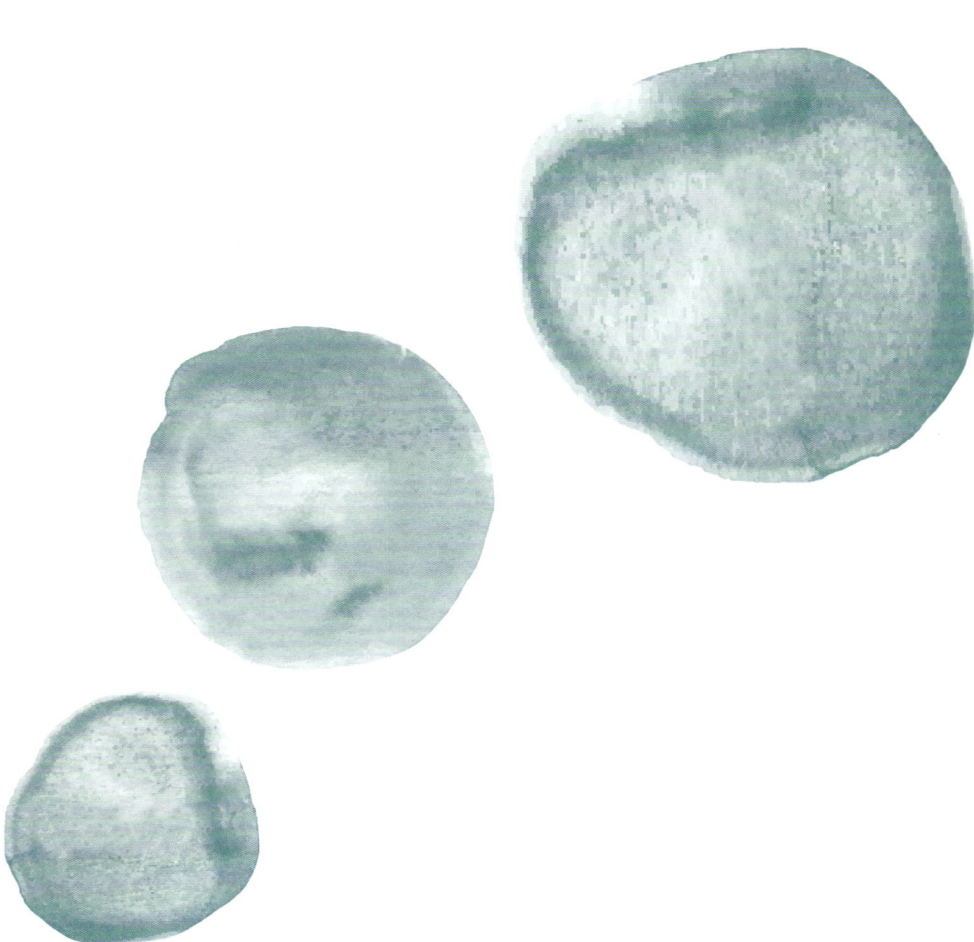

Akzeptanz (von lat. *accipere* für annehmen, billigen, empfangen) ist die Substantivierung des Verbs akzeptieren, welches unter anderem bedeutet: annehmen, hinnehmen, billigen, anerkennen, mit jemandem oder etwas einverstanden sein. Akzeptanz kann somit als Bereitschaft, etwas oder jemanden zu akzeptieren, definiert werden.

PROLOG

»Nichts ist entspannter, als das anzunehmen, was kommt.«

DALAI LAMA

Als ich mich vor Kurzem mit einer guten Freundin zum Lunch traf, erzählte sie, dass ihr neuer Business Coach sie aufgefordert hatte, ihre Arbeit in einem einzigen Wort zusammenzufassen.

»Hast du schon mal von einem Elevator Pitch gehört?«, fragte sie. Hatte ich. Es handelt sich um eine knappe, aber überzeugende Präsentation, nicht länger als eine Fahrstuhlfahrt. »Nun«, fügte sie hinzu, »dies ist eher ein Die-Fahrstuhltür-schließt-sich-vor-deiner-Nase-Pitch.«

Sie erklärte weiter, dass diese Übung keinem Marketing-Zweck, sondern der persönlichen Klarheit dienen sollte. Indem man seine Arbeit in einem Wort zusammenfasst, verdeutlicht man deren Essenz und ihr Ziel.

Meine Freundin, Gesangslehrerin und Sprachcoach, entschied sich für das Wort »Stimme«. Ein Arzt in ihrer Mastermind-Gruppe hatte »heilen« gewählt, ein Finanzberater »Wohlstand«, ein Juwelier »schmücken«, ein Gastronom »ernähren«.

»Und mit welchem Wort würdest du deine Arbeit zusammenfassen?«, fragte sie. »Vielleicht so etwas wie ›Veränderung‹?«

Zweifellos kommen Menschen zu mir, wenn sie in einer Krise stecken und sich dringend eine Veränderung wünschen. Es gibt einen bestimmten Auslöser — ein Gefühl wird zu intensiv, eine Beziehung zur Herausforderung, eine Situation unerträglich —, und dann suchen sie Hilfe.

Ich dachte an die 30 Jahre, in denen ich Trauer, Einsamkeit, Angst, Beziehungskrisen, Depression und Stress behandelt hatte. Zwar war es oft zu einer Veränderung gekommen, jedoch stand diese nicht im Mittelpunkt meiner Arbeit. Es gab da etwas noch Grundsätzlicheres, das der Veränderung vorausgeht. Im Zentrum meiner Arbeit stand etwas Subtileres, das trotzdem viel befreiender war.

»Ich würde nicht sagen, dass mein Wort Veränderung ist«, überlegte ich, während ich an meinem Kaffee nippte. »Mein Wort ist ›Akzeptanz‹.« Irritiert schüttelte meine Freundin den Kopf. »Akzeptanz? Aber kommen deine Klienten nicht zu dir, weil sie eine Veränderung wollen?«

»Die Ironie ist«, antwortete ich, »dass sich alles zu verändern beginnt, sobald man sich bewusst für Akzeptanz entscheidet.«

An jenem Abend sann ich darüber nach, was »Akzeptanz« eigentlich bedeutet: etwas so anzunehmen, wie es ist. Dieses Wort beschreibt nicht nur, worum es mir bei der Arbeit mit meinen Klienten geht, es bezeichnet auch die vielleicht wichtigste und überraschendste menschliche Fähigkeit, um Frieden und Wohlbefinden zu erlangen. Aktive Akzeptanz führt überraschenderweise zu emotionaler Befreiung.

ERLEICHTERUNG FINDEN

Doch wenn man leidet, möchte man wahrscheinlich nichts von Akzeptanz hören. Vielleicht denken Sie sogar jetzt: *Moment mal, ich fühle mich schlecht und leide und will, dass es mir besser geht. Wenn ich meine Realität akzeptiere, wie sie ist, wird sich nichts ändern. Ich werde nur noch tiefer in mein schwarzes Loch fallen.* Zugegeben, das Wort »Akzeptanz« hat nicht den schönen Klang von »Freude« oder »Glück«. Es klingt nicht so hoffnungsfroh wie »Optimismus« oder »Resilienz«, nicht so überzeugend wie »Erfolg« oder »Transformation«. Und doch ist Akzeptanz überraschenderweise der Weg zu all dem.

Für viele hat dieses Wort einen negativen Klang, weil sie Akzeptanz mit Resignation, Niederlage oder völliger Aufgabe verwechseln. Aber Akzeptanz bedeutet keineswegs, dass man Missbrauch toleriert, Ungerechtigkeit hinnimmt oder in pathologischem Verhalten steckenbleibt; man muss kein Geschehen billigen, das einem nicht im Geringsten gefällt. Akzeptanz bedeutet eine Orientierung an der Realität, einen Wechsel der Perspektive — und damit hört der Kampf auf, der Widerstand lässt nach und beruhigende Klarheit stellt sich ein.

Betrachten Sie dieses Buch als Einladung, anders über Akzeptanz zu denken und sich einer neuen Art der Verbindung mit dem Leben zu öffnen. Sie werden dann selbst entdecken, dass Akzeptanz nicht Aufgabe oder Stagnation heißt, sondern die aktive Annahme Ihrer Gefühle und Ihrer Situation und damit die Öffnung für Neues. **Akzeptanz ist der Paradigmenwechsel, der zu bleibendem innerem Frieden führt.**

Wir haben alle schon einmal gegen die Strömung angekämpft — wir wollten schwierige Umstände nicht annehmen, wir wünschten uns, dass die Dinge anders wären, wir bedauerten etwas, das wir gesagt oder nicht gesagt hatten, verurteilten unsere Unzulänglichkeiten. Nach Kämpfen und verzweifelten Versuchen, uns selbst, andere Menschen, unsere Situation oder sogar unsere Vergangenheit zu verändern, stellt sich Akzeptanz als der Weg von Vernunft und Weisheit heraus. Durch Akzeptanz gelangen wir an einen Ort, von dem aus wir eine umfassendere Perspektive und einen besseren Ausblick haben; von dort aus können wir mit offenem Herzen das, was vor uns liegt, als das erkennen, was es ist. **Und dann ergeben sich neue Möglichkeiten.**

DAS SEIL LOSLASSEN

Stellen Sie sich vor, Sie stehen auf einer schönen Wiese und halten ein Seil fest wie beim Tauziehen. Am anderen Ende des Seils steht eine verschleierte Gestalt, die sehr kräftig zieht. Sie ziehen heftiger. Ihr Gegner ist das Leben selbst, das Sie in Situationen hineinzieht, die Sie nicht haben wollen: ein Verkehrsstau, eine Gewichtszunahme, eine lange Warteschlange, ein nervender Chef, eine alkoholkranke Mutter, eine Krebsdiagnose, ein unerwarteter Todesfall. *Nein, das halte ich nicht aus!* Sie haben nicht darum gebeten, dass das passiert, dieser ärgerliche oder tragische Umstand, diese nervige Person – all das, was Ihnen das Leben schwermacht. Sie ziehen stärker an dem Seil.

Wenn ich stark genug ziehe, denken Sie, *dann bleibt das verdammte Seil, wo es ist. Ich kann es kontrollieren.*

Das Problem ist jedoch, dass das Leben, Ihr mutmaßlicher Feind, immer stärker ziehen wird als Sie. Das Seil bleibt nie an einer Stelle. Es passieren weiter Dinge, die Sie nicht wollen, um die Sie nicht gebeten haben und die Sie nicht stoppen können. Das kann sich manchmal lächerlich frustrierend anfühlen, aufreibend, unerträglich und herzzerreißend. Im Buddhismus gibt es dafür einen Namen *dukkha* – die Erste Edle Wahrheit, die anerkennt, dass das Leben mit Leid verbunden ist.

Aber wie wäre es, wenn es eine Möglichkeit gäbe, den Kampf zu beenden? Wenn Sie aufhörten, sich gegen den Zug des Seils zu stemmen, und sich entspannen würden? Stellen Sie sich die Erleichterung vor, wenn Sie das Brennen des Seils nicht mehr fühlen müssten — einfach die Finger öffnen und zusehen, wie das Seil seinem natürlichen Lauf folgt. Wenn Sie das Leben akzeptieren, so, wie es ist — wenn Sie aufhören, an Ihrem Ende des Seils zu ziehen —, dann können Sie sich einfach auf diese Wiese setzen und ganz in Frieden den Duft der Blumen genießen.

In diesem Buch geht es darum, wie man es schafft, das Seil loszulassen. Es geht um die Kunst der Akzeptanz und ihre lebensverändernde Macht, um den direkten Weg zu einem entspannteren, zufriedeneren Leben. Die Kunst der Akzeptanz begleitet Sie auf den individuellen und einzigartigen Wegen, die Sie für Ihre persönliche Reise wählen. In der Gestaltung einer freundlicheren Beziehung zu sich selbst und zum Leben erweist sich die Macht der Akzeptanz.

> **» Jenseits von richtig und falsch liegt ein Ort. Hier können wir einander begegnen. «**
>
> RUMI

AKZEPTANZ VERÄNDERT ALLES

Lydia und Samantha sind zwei Mütter Ende 40, mit denen ich vor Jahren arbeitete. Beide hatten einen schweren Verlust erlitten. Sie kannten sich nicht, aber ihre Lebensgeschichten ähnelten sich erstaunlich.

Lydia hatte drei Jahre zuvor ihre 20-jährige Tochter verloren, die jahrelang mit einer Heroinsucht gekämpft hatte. Nach einem erfolgreichen Aufenthalt in einer Entzugsklinik schien es ihr besser zu gehen, doch dann setzte sie sich in einer Sommernacht unerwartet eine Überdosis.

Samantha hatte ihren 18 Jahre alten Sohn durch einen Verkehrsunfall verloren, ebenfalls vor drei Jahren. Er hatte gerade die Highschool abgeschlossen, und vor ihm lag ein Leben voller Versprechungen. Ein betrunkener Autofahrer hatte ihn angefahren — er war sofort tot.

Die Parallelen in der Situation beider Frauen gingen noch über ihren tragischen Verlust hinaus. Sowohl Lydia als auch Samantha waren als Kinder sexuell missbraucht worden — eine von einem Onkel, die andere von einem Nachbarn. Beide Frauen waren leicht übergewichtig und litten unter Diabetes Typ 2. Und schließlich wohnten sie beide in der Nähe ihrer dominanten, überspannten Mutter. Hier endeten jedoch die Ähnlichkeiten.

Bei unserer gemeinsamen Arbeit blieb Lydia in ihrem Groll gefangen. Sie machte sich selbst für die Sucht ihrer Tochter verantwortlich, vergegenwärtigte sich immer wieder jedes Detail vor der Überdosis und haderte mit sich selbst, weil sie das tragische Ende nicht hatte verhindern können. Sie konnte sich selbst nicht vergeben und wurde depressiv, weil sie ihren Zorn nach innen richtete. Gleichzeitig brütete sie verbittert über ihre eigene schreckliche Kindheit, weil sie den erlittenen sexuellen Missbrauch nicht verwinden konnte.

Ich stand Lydia in ihrem Kummer bei, doch sie konnte den Schmerz am Grunde ihrer Wut nicht ganz annehmen. Auch Übungen zu Achtsamkeit, Selbstmitgefühl und innerem Frieden halfen ihr nicht. Immer tiefer versank sie in ihren negativen Gefühlen und lehnte sich gegen die Tatsache auf, dass ihre Tochter gestorben war. In ihrem angespannten und verbitterten Zustand überaß sich Lydia trotz ihrem Diabetes oft an süßen Sachen. Mit ihrer Mutter geriet sie jetzt häufig in heftigen Streit. Je härter ihr das Leben mitspielte, desto stärker zog Lydia an ihrem Ende des Seils. Als sie schließlich nicht mehr zu unseren Sitzungen kam, war ich sehr enttäuscht, weil ich ihr nicht hatte helfen können.

Samantha dagegen war in der Lage, ihren tiefen Kummer zuzulassen. Sie öffnete sich dem natürlichen Lauf der Trauer, nahm die von mir vorgeschlagenen Übungen zu Achtsamkeit und Selbstmitgefühl an und integrierte sie in ihr Leben. Sie ging rücksichtsvoll mit sich selbst um und lernte, den schneidenden Schmerz zu ertragen, den sie infolge ihres Verlusts empfand.

Das Leben zog an dem Seil, aber Samantha stemmte sich dem Zug nicht entgegen; sie ließ das Seil los. Sie blieb nicht in ihrem Kummer gefangen, sie ließ ihn sich verströmen. So konnte sie sich schließlich Möglichkeiten zuwenden, die sich aus dem Erlebten ergaben. Sie setzte sich für strengere Gesetze bei Alkohol am Steuer ein und engagierte sich in einer Organisation von Eltern, die Kinder verloren hatten.

Als Samantha von Schuld und Selbsthass überflutet wurde (beides ganz natürliche Reaktionen), begegnete sie ihnen mit sanftem Selbstmitgefühl, wodurch sich diese zerstörerischen Emotionen schließlich auflösten. Sie integrierte ihre Vergangenheit in die Gegenwart und erkannte, dass alle Erlebnisse Teil ihrer Reise zum gegenwärtigen Moment waren. Da sie jetzt mehr Mitgefühl gegenüber sich selbst empfand, veränderte sie ihre Ernährung und fing an, regelmäßig Sport zu treiben. Sie gewann mehr persönliche Klarheit, setzte ihrer Mutter Grenzen und nahm deren Verhalten nicht mehr so persönlich.

Samantha hörte auf, sich ihrer Situation zu widersetzen, indem sie ihre Gefühle annahm und die Wirklichkeit akzeptierte. So gewann sie die Freiheit, ihre eigene, bessere Wirklichkeit zu gestalten. Lydia dagegen hielt ihr Herz verschlossen und stemmte sich gegen die Realität, sie konnte den Verlust und ihren Schmerz nicht akzeptieren. Während die Lebensbedingungen beider Frauen zwar ähnlich waren, führte ihr unterschiedlicher Umgang damit letztendlich zu radikal verschiedenem Erleben.

» *Samantha integrierte ihre Vergangenheit in die Gegenwart und erkannte, dass alle Erlebnisse Teil ihrer Reise zum gegenwärtigen Moment waren.* «

ES GIBT EINEN SCHLÜSSEL

Das Konzept der Akzeptanz ist nicht neu, sondern ein altehrwürdiger Pfad zu emotionaler und spiritueller Heilung. Sowohl in der modernen Psychologie als auch in heiligen Texten wird Akzeptanz als befreiendes Ziel betrachtet. Aber — und das ist das Problem — dieses Ziel zu erreichen, kann sehr schwer sein. Es ist nicht so, als müsste man nur mit den Fingern schnippen oder sich selbst sagen: »Finde dich endlich damit ab.« Etwas zu akzeptieren, kann anstrengend und schmerzhaft sein und nahezu unmöglich erscheinen. Wie soll man das Nicht-Akzeptierbare akzeptieren können?

In den vielen Jahren meiner Arbeit als Psychotherapeutin habe ich festgestellt, dass alles mit der Arbeit an sich selbst beginnt. Ob es darum geht, eine andere Person, eine Situation oder etwas Vergangenes zu akzeptieren, immer beginnt Akzeptanz bei einem selbst, bei den eigenen Gefühlen gegenüber der Situation und — am allerwichtigsten — damit, wie man sich selbst behandelt. Wenn man Mitgefühl mit sich selbst hat, kann man die Realität leichter akzeptieren. Selbstmitgefühl ist der Schlüssel, der die Tür zur Akzeptanz aufschließt.

Darum geht es in diesem Buch: Selbstmitgefühl — Akzeptanz — Frieden. Indem wir die Fähigkeit zum Selbstmitgefühl in den Vordergrund stellen, von dessen wissenschaftlich bewiesenen Vorteilen profitieren und uns die Fähigkeit eines höheren Selbst zunutze machen, können wir vom Widerstand gegen eine Situation zu ihrer Annahme und zu neuen Möglichkeiten gelangen. Und auch wenn jeder Mensch auf seine eigene Reise geht, bietet dieses Buch Ihnen eine Roadmap, um Ihre Beziehung zu sich selbst und zum Leben zu verbessern.

>> *Alles beginnt mit der Arbeit an sich selbst.* <<

WIE DIESES BUCH AUFGEBAUT IST

Jeder von uns kann sich dafür entscheiden, das Seil des Lebens loszulassen — nicht, indem man die Tatsachen ignoriert, sondern indem man lernt, auf neue Art mit ihnen umzugehen.

In Kapitel 1 sehen wir uns die **Reiseroute** an, wir lernen, dass Akzeptanz am Ende eines **Prozesses** steht, der vom Widerstand zur Annahme und dann zu neuen Möglichkeiten führt. Kapitel 2 dreht sich um das **Selbstmitgefühl**, unseren wichtigsten Begleiter. Wenn Sie lernen, Ihre Gefühle zu akzeptieren und freundlich mit sich selbst zu sein, entwaffnen Sie den Widerstand und werden fähig, neue Möglichkeiten zu erkennen.

In Kapitel 3 bis 6 geht es um die Praxis der Akzeptanz in unterschiedlichen Bereichen: **sich selbst akzeptieren, andere akzeptieren, eine Situation akzeptieren** und **die Vergangenheit akzeptieren.** Während es leicht ist, angenehme Dinge wie eine Beförderung, eine Verlobung oder einen überraschenden Geldgewinn anzunehmen, wissen wir alle, dass wir im Leben auch immer wieder schwierigen Situationen ausgesetzt sind. Hier geht es darum, **das zu akzeptieren, was *nicht akzeptierbar* erscheint:** Missbrauch, unerträgliche Ex-Partner, Krankheiten, Selbstverachtung, Sucht, Untreue, Verlust, sogar Tod. Selbstmitgefühl ist immer wieder das Mittel der Wahl, das hilft, den Prozess der Akzeptanz zu meistern.

Die eigene Realität anzunehmen, ist nur ein Teil der Reise, denn danach stellt sich die Frage *Und was jetzt?* Kapitel 7 behandelt die **Macht der**

neuen Möglichkeiten, die Frage, was man ändern kann und wie. In unserer Kultur gelten Widerstand und Aggression als probate Mittel, um Veränderungen durchzusetzen. Aber so wie man mehr Fliegen mit Honig als mit Essig fängt, sind die Veränderungen, die sich aus der Akzeptanz ergeben, süßer und unendlich köstlicher.

Jedes Kapitel wird begleitet von **Fallgeschichten** (Namen und Einzelheiten wurden geändert). Sie illustrieren die Bandbreite an Intensität, mit der wir Akzeptanz erfahren können. Manche Menschen nehmen den gegenwärtigen Moment mit einem Achselzucken an *(Okay, so ist das eben)*. Andere schließen Freundschaft mit ihm, geben ihm einen metaphorischen Handschlag *(Oh, hallo, komm herein)*. Wieder andere begrüßen ihn begeistert mit einer herzlichen Umarmung *(Ich liebe das! Her damit!)*. Kapitel 3 bis 7 enden jeweils mit einer Überlegung zu einer noch gesteigerten Reaktion und zeigen Ihnen, wie **der nächste Schritt** aussehen kann.

Am Schluss jedes Kapitels stelle ich Ihnen zur Vertiefung wirksame **Power-Werkzeuge** zur Verfügung: ein Hauptwerkzeug und zwei Bonus-Werkzeuge, mit denen Sie Ihre Übungspraxis erweitern können.

Auch wenn sich durch Akzeptanz
nichts verändert, verändert sich doch *alles*.

DER MOMENT IST JETZT

Akzeptanz fühlt sich an wie ein langes Ausatmen ... *ahhh*. Durch das Akzeptieren entscheiden Sie sich, mit der Strömung des Flusses zu treiben, anstatt dagegen anzuschwimmen. Aktive, auf Selbstmitgefühl beruhende Akzeptanz bedeutet, dass man sich seinem Selbst mit einer Umarmung und dem Leben mit einem Lächeln zuwendet. Sie bedeutet ein Leben mit weniger Stress, weniger Anstrengung und mehr entspannter Leichtigkeit.

Wenn Sie eine Veränderung angestrebt haben, etwas anderes wollten, aber jedes Mal wieder gescheitert sind ... wenn Sie sich Vorwürfe machen, weil Sie nichts von dem schaffen, das Ihnen helfen würde, sich besser zu fühlen ... wenn Sie es satt haben, vorzugeben, dass etwas nicht existiert, wenn es eindeutig doch existiert (oder andersherum), dann ist es an der Zeit, eine neue Richtung einzuschlagen.

Akzeptanz erfordert Mut und Entschlossenheit und ist eine Wahl, die immer wieder neu getroffen werden muss. Sie ist nicht immer der Weg, der sich abzeichnet, aber sie ist eine Lösung mit unvorstellbar großem Potenzial. Ich bin überzeugt, dass Sie selbst entdecken werden, wie Ihnen diese neue Lebensorientierung emotionale Erleichterung, inneren Frieden und persönliche Wandlung bringen wird.

Jetzt ist der Moment, den Kampf zu beenden.

Jetzt ist der Moment für emotionale Freiheit.

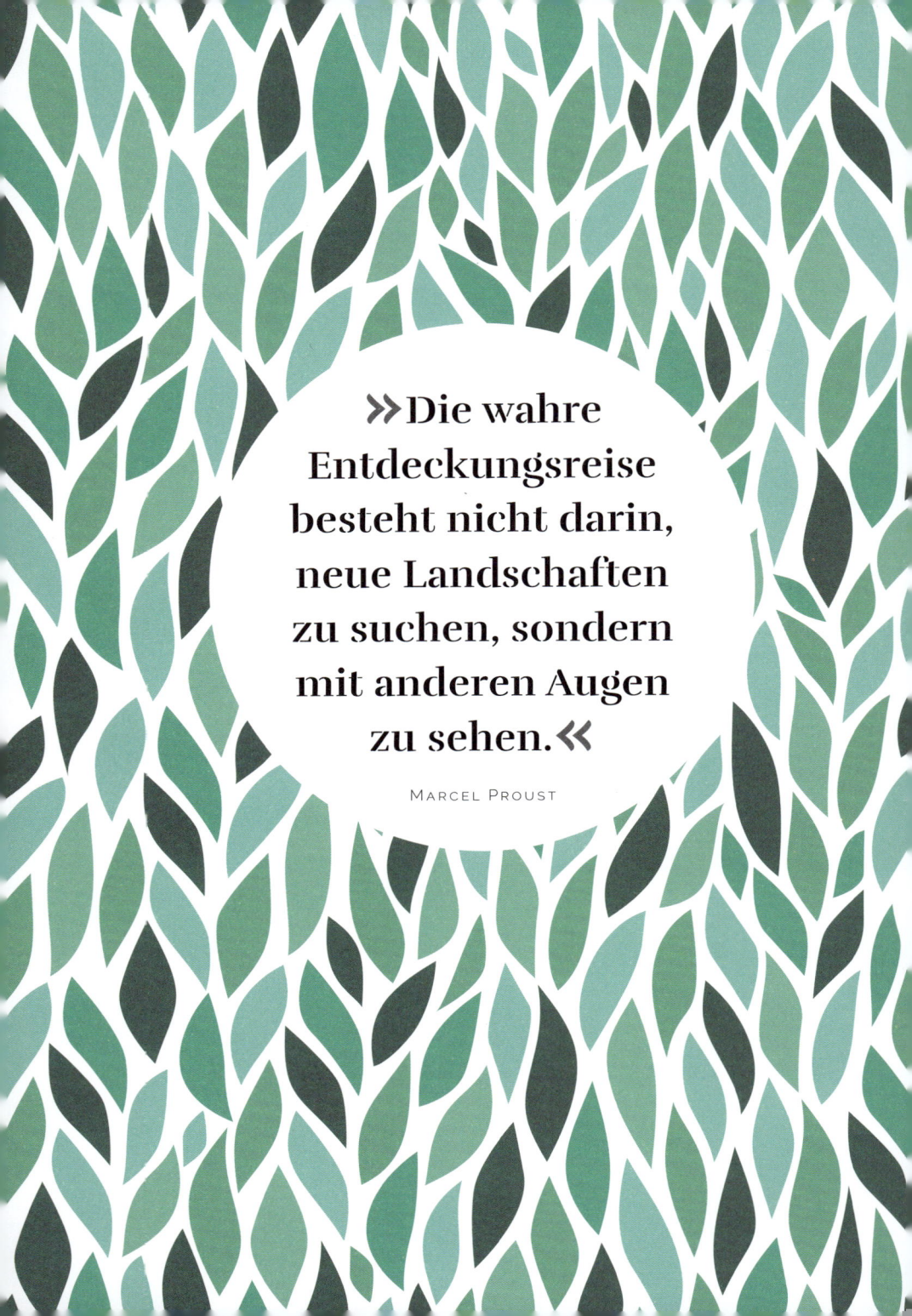

»Die wahre Entdeckungsreise besteht nicht darin, neue Landschaften zu suchen, sondern mit anderen Augen zu sehen.«

MARCEL PROUST

1

DER PROZESS:
WIDERSTAND – ANNAHME –
NEUE MÖGLICHKEITEN

Unser Flugzeug stand auf der Rollbahn; gerade waren wir wegen eines Gewitters in Dallas nach Tulsa, Oklahoma, umgeleitet worden.

Eine Durchsage des Kapitäns informierte uns: »Liebe Passagiere, sieht so aus, als würden wir aufgrund einer durchziehenden Wetterfront eine Weile hier stehenbleiben müssen. Vielen Dank für Ihre Geduld. Sobald es etwas Neues gibt, melde ich mich wieder.«

Die Leute um mich herum begannen, unruhig zu werden. Dann kam die nächste Ansage: »Nur zur Erinnerung – wir verlassen das Flugzeug nicht. Bitte bleiben Sie auf Ihren Plätzen, aber natürlich können Sie gern aufstehen und sich strecken.«

Ich saß in der ersten Reihe und bekam den Tumult mit, den die Passagiere veranstalteten. Einer nach dem anderen kam nach vorn und ließ seine Frustration an den Flugbegleitern aus: »Ich muss einen Anschlussflug erreichen!« – »Ich will das Flugzeug verlassen!« – »Wie lange müssen wir noch hier stehen?«

Die Flugbegleiterin neben mir blieb ruhig und sagte: »Wir bringen Sie nach Dallas, sobald es geht. Auf das Wetter haben wir keinen Einfluss.« Ein besonders aufgebrachter Mann schrie die arme Frau an: »Ich habe heute Nachmittag ein Meeting. Ich muss jetzt nach Dallas!«

»Sir«, wiederholte sie mit bewundernswerter Beherrschung, »wir wollen alle so schnell wie möglich nach Dallas, aber wir haben auf das Wetter leider keinen Einfluss.« Schließlich kehrte der Mann mit hochrotem Kopf auf seinen Platz zurück.

Ich ließ meinen Blick über die Passagiere schweifen und sah einen deutlichen Unterschied zwischen denen, die unser Schicksal akzeptierten, und denjenigen, die es nicht taten. Die Passagiere, die in ihrem Widerstand gefangen waren, sahen beunruhigt, verärgert, frustriert, ungeduldig und genervt aus. Diejenigen, die sich mit der Situation abgefunden hatten, waren ruhig, entspannt und friedlich und hatten begonnen, zu lesen oder Nachrichten zu versenden.

Wie kommt es, dass in einer solchen Situation manche Menschen von Widerstand beherrscht werden, während andere in der Lage sind, sich damit abzufinden? Natürlich wissen wir alle, dass es oft leichter gesagt als getan ist, sich mit einer unerwünschten Situation abzufinden. Wenn Sie in diesem Flugzeug gewesen wären, wie hätten Sie wohl reagiert?

DAS RÄTSEL DER AKZEPTANZ

Akzeptieren bedeutet annehmen. Damit ist die Essenz dessen beschrieben, was ich mit Akzeptanz meine. Oft erscheint uns unsere momentane Situation unüberwindlich, sie macht uns Angst, sie ist unangenehm — etwas, das wir ablehnen. Wir wollen sie eben nicht annehmen. Also beschweren wir uns entweder unaufhörlich, oder wir lassen nichts unversucht, um sie zu verändern. In einer Kultur, die nach ständiger Optimierung strebt, gilt Akzeptanz oft fälschlicherweise als letzte Zuflucht, eine Art Trostpreis. *Soll ich einfach akzeptieren, dass ich alt bin oder Schulden habe? Akzeptieren, dass mein Chef ein Idiot ist? Einfach akzeptieren, dass mein Sohn gestorben ist?*

Um die Bedeutung von Akzeptanz zu verstehen, können wir uns anschauen, was sie *nicht* ist. Akzeptanz ist weder Resignation noch Apathie. Akzeptanz bedeutet nicht, dass einem die momentane Situation gefällt, dass man schlechtes Verhalten billigt oder Veränderung für unmöglich hält.

Akzeptanz ähnelt dem Verzeihen — wenn man jemandem sein unmögliches Verhalten verzeiht, bedeutet das nicht, dass man es gutheißt. Verzeihen heißt nicht, dass man die Entscheidung eines anderen respektiert, sondern dass man akzeptiert, dass das Getane getan ist. Man lässt es gut sein und schaut nach vorn. So sind manche Menschen in der Lage, Mördern und Sexualstraftätern zu verzeihen — sie wählen um ihrer selbst willen das Freisein von schwelender Wut und Zorn. Akzeptanz ist eine ähnliche Wahl — um der Freiheit willen.

>>*Akzeptanz ist Ihre Entscheidung, eine aktive Wahl.*<<

DIE REISE

In dem 12-Schritte-Modell zur Therapie von Suchtkranken — entwickelt von den Anonymen Alkoholikern und heute Bestandteil vieler Programme zur Behandlung von Sucht und Zwangsverhalten — ist Akzeptanz der Ausgangspunkt. (Schritt eins: »Wir erkennen an, dass wir gegen Alkohol machtlos waren — dass wir unser Leben nicht mehr selbst beherrschen.«)

Elisabeth Kübler-Ross beschreibt in ihrem 1969 erschienenen Buch *Von Tod und Sterben* fünf Phasen der Trauer: Leugnen, Zorn, Verhandeln, Depression, Akzeptanz. Hier ist Akzeptanz der **Endpunkt.**

In diesem Buch werden wir Akzeptanz aus der Perspektive einer Reise in drei Etappen erforschen, die mit **Widerstand** beginnt, dann zur **Annahme** der Situation führt und schließlich zu **neuen Möglichkeiten.**

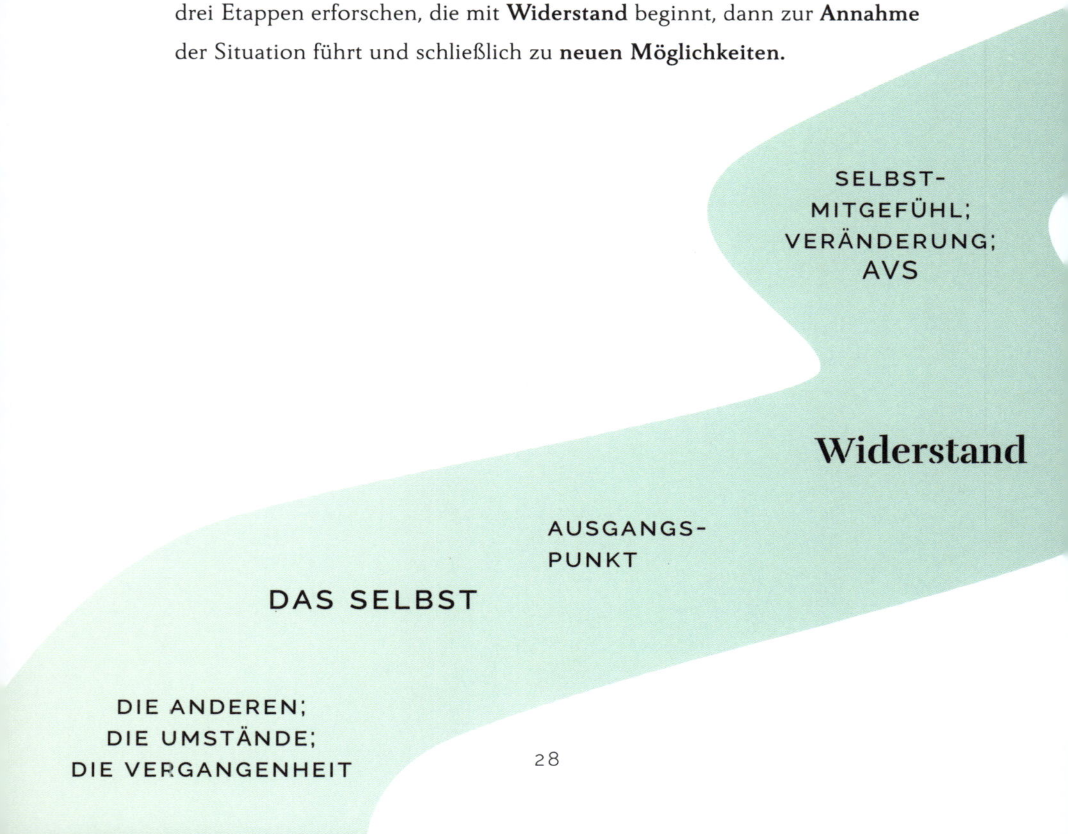

SELBST-
MITGEFÜHL;
VERÄNDERUNG;
AVS

Widerstand

AUSGANGS-
PUNKT

DAS SELBST

DIE ANDEREN;
DIE UMSTÄNDE;
DIE VERGANGENHEIT

VERÄNDERUNG
DER SITUATION

Möglichkeiten

VERÄNDERUNG
DES BLICKS
AUF DIE
SITUATION

Annehmen

Kurz gefasst bedeutet
der Widerstand »Nein«,
das Annehmen »Ja«
und die Möglichkeit
»Und jetzt?«.

Stellen Sie sich vor, Sie haben eine fürchterliche Erkältung mit Kopf-
schmerzen. Nun können Sie Ihrer Situation **Widerstand** entgegensetzen:
Nein! Ich kann nicht krank sein; ich habe keine Zeit, um krank zu sein;
ich hasse es, krank zu sein; ich wünschte, ich wäre nicht krank. Nach einer
Weile schalten Sie um auf **Annahme** – Sie erkennen an, dass Ihr Körper
wirklich krank ist und es Ihnen nicht gut geht: *Okay, ich bin krank.*
Ich bin wirklich krank. So ist es nun mal. Ich fühle mich schrecklich.
In der letzten Phase, in der Sie Ihre Situation entspannt hinnehmen,
tauchen in Ihrem Kopf **neue Möglichkeiten** auf: *Ich könnte ein*
Medikament nehmen; ich könnte schlafen; ich könnte ein paar Tage
frei nehmen; ich könnte mir eine Hühnersuppe machen; ich könnte
die Sendung im Fernsehen anschauen, die ich schon immer
sehen wollte. Durch Akzeptanz gelangen wir vom
Leiden zum Frieden und zu neuen Möglichkeiten.
Schauen wir uns nun die einzelnen Stationen
des Prozesses genauer an ...

>> *Durch Akzeptanz gelangen wir
vom Leiden zum Frieden
und zu neuen Möglichkeiten.* <<

WIDERSTAND

Als ich einmal einen Vortrag von Daniel J. Siegel über Kindererziehung, Neurobiologie, Meditation und Resilienz hörte, forderte er uns Zuhörer auf, die Augen zu schließen und auf unsere Gefühle zu achten, während er sprach. Wir schlossen die Augen, und er sagte mit Nachdruck: »Nein.« Dann wiederholte er laut und eindringlich: »Nein.« Er sagte es siebenmal.

Nach einem Moment sagte er freundlicher: »Ja.« Dann noch einmal sanft: »Ja.« Und ganz ruhig: »Ja.« Auch das Ja wiederholte er siebenmal.

»Und nun öffnen Sie die Augen«, forderte er uns auf. »Was haben Sie empfunden? Beginnen wir mit dem Nein.« »Ich fühlte mich bedrängt.« – »Angespannt.« – »Ich merkte, wie ich zusammenzuckte.« – »Ich fühlte mich gefangen, gescholten.« – »Mein Herz raste.«

»Und welches waren Ihre Gefühl bei dem Ja?«, fragte er. Die Leute um mich her sagten: »Ich fühlte mich frei.« – »Aufgeschlossen.« – »Offener.« – »Ruhig.« – »Leichter.« – »Ich fühlte mich getröstet.«

Daraufhin erklärte Daniel J. Siegel, dass die geistige Situation des auf Widerstand beruhenden »Nein« Angstreaktionen wie kämpfen, fliehen oder erstarren stimuliert. Befinden wir uns dagegen in einem geistigen »Ja«-Zustand, der Empfänglichkeit (also Akzeptanz) bedeutet, wird in unserem Gehirn das System fürsorglicher und sozialer Verbundenheit aktiviert, und wir empfinden Klarheit und Ruhe.

Widerstand (das »Nein«-Gehirn) erfordert eine große Menge Energie und Konzentration. »Nein« ist ein Gedanke des Widerstands und zugleich ein mächtiger Aktivator des Nervensystems. Es stimuliert unseren Sympathikus (verantwortlich für die Kampf- oder Fluchtreaktion) und überschwemmt das Gehirn mit einem Cocktail aus Stresshormonen — Cortisol, Adrenalin und Noradrenalin. Widerstand bedeutet Kampf. Neurologischer Stress wirkt anstrengend, zermürbend und schmerzhaft.

Buddha bezeichnete Widerstand als den »zweiten Pfeil«. In einer berühmten Parabel beschreibt er den ersten Pfeil als die schmerzhaften Erfahrungen, die einfach Teil des Lebens sind. Doch der Schmerz, den wir durch den zweiten Pfeil erfahren, den Pfeil des Widerstands (unsere negative Reaktion auf den ersten Pfeil), kommt daher, dass wir zu der Verletzung noch die Kränkung hinzufügen. Wir denken *Nein!* oder *Das kann nicht sein!* oder *Warum gerade ich?* oder *Ich kann das nicht ertragen!*. Wir beißen die Zähne zusammen und ringen die Hände und verursachen damit den verkrampften, angespannten Schmerz des Widerstands. Diese Reaktion sorgt für eine höhere Stufe des Leidens; sie ist der »zweite Pfeil«.

Leiden =
Schmerz + Widerstand

Wie wir alle wissen, ist es *anstrengend*, gegen die Realität anzukämpfen. Und doch ist es die verbreitetste Form des Leidens. Ich spreche von dem chronischen Schmerz und dem »Un-Wohlsein« (dem Mangel an Wohlbefinden oder Harmonie), die entstehen, wenn man sich wünscht, die Dinge wären anders, als sie tatsächlich sind oder waren. Widerstand ist dunkel und negativ; er überschwemmt den Geist und macht uns blind für neue Möglichkeiten.

Der Psychiater und Psychoanalytiker Carl Gustav Jung sagt, dass der Widerstand gegen etwas dieses nicht nur fortbestehen lässt, sondern sogar noch größer macht. Anders gesagt, vergrößert der Widerstand sich selbst. Wenn man in seinem Widerstand verharrt, wächst seine Macht. Aber das Letzte, was wir erreichen wollen, ist die Verstärkung genau der negativen Gefühle, die wir loszuwerden versuchen; wer möchte mehr Ärger, Vorwürfe, Schmerz, Sorge oder Wut? Während Widerstand uns zu einem Opfer genau des Negativen macht, das wir nicht wollen, befreit uns die Akzeptanz. Wenn man den Widerstand aufgibt und sich dem Problem zuwendet, sich in es hineinbegibt, sich ihm ergibt, dann verliert das Negative seine Macht über uns und Frieden und Heilung stellen sich ein.

Oft ist es die Qual des Widerstands selbst, die den Prozess des Akzeptierens in Gang setzt. Denn Widerstand ist schmerzhaft, und in unseren dunkelsten Stunden des Ringens stellt sich vielleicht die Ahnung ein, dass es eine andere Art geben muss, damit umzugehen, einen Weg, weniger zu leiden. Hinter dieser Ahnung zeigt sich das Licht des Annehmens.

>>*Gegen die Realität*
anzukämpfen, ist
anstrengend.<<

DIE SITUATION ANNEHMEN

Das anzunehmen, was ist, bedeutet, »Ja« zu sagen – Ja zu unseren momentanen Gefühlen, Ja zu anderen Menschen, so wie sie sind, und schließlich Ja zu unserer Situation. Das heißt nicht, dass wir das, was passiert, gut finden oder es billigen. Es heißt nur, dass wir uns damit abfinden müssen, weil es im Moment eben das ist, was wir haben.

Um sich mit einer gegebenen Situation abfinden zu können, muss man zuerst einmal die dadurch hervorgerufenen Gefühle genau so akzeptieren, wie sie sind. Man gestattet sich einfach, diese Gefühle zu haben, auch wenn man wünscht, dass die Dinge anders wären (der Schlüssel dafür ist Selbstmitgefühl – siehe Kapitel 2, Seite 49). Während man seine Gefühle annimmt und sein Erleben mitfühlend zulässt, verändert sich etwas: Es ist, als würde man sich jetzt mit dem Strom bewegen, nicht gegen ihn. Entspannung breitet sich aus. Und damit ändern sich die Dinge.

Es ist wie in der Kampfkunst Aikido, bei der man lernt, die aggressive Energie des Gegners aufzunehmen, anstatt den Impuls abzuwehren, und so vermeidet, getroffen zu werden. Man neutralisiert die Feindseligkeit. Wenn man bewusst mit dem geht, was ist, anstatt dagegen anzukämpfen, bewegt man sich stressfrei. Man lebt dann mit den Dingen, wie sie sind, anstatt seine Energie darauf zu verschwenden, zu wünschen, sie möchten doch anders sein.

Stellen Sie sich die Erleichterung vor, eine Ruhepause zu haben, zu atmen, sich zu entspannen – *zulassen,* dass das, was ist, nun einmal so ist, jedenfalls im Moment. Auch wenn das nichts an der Situation ändert, werden Sie merken, dass sich durch das Annehmen *alles* verändert.

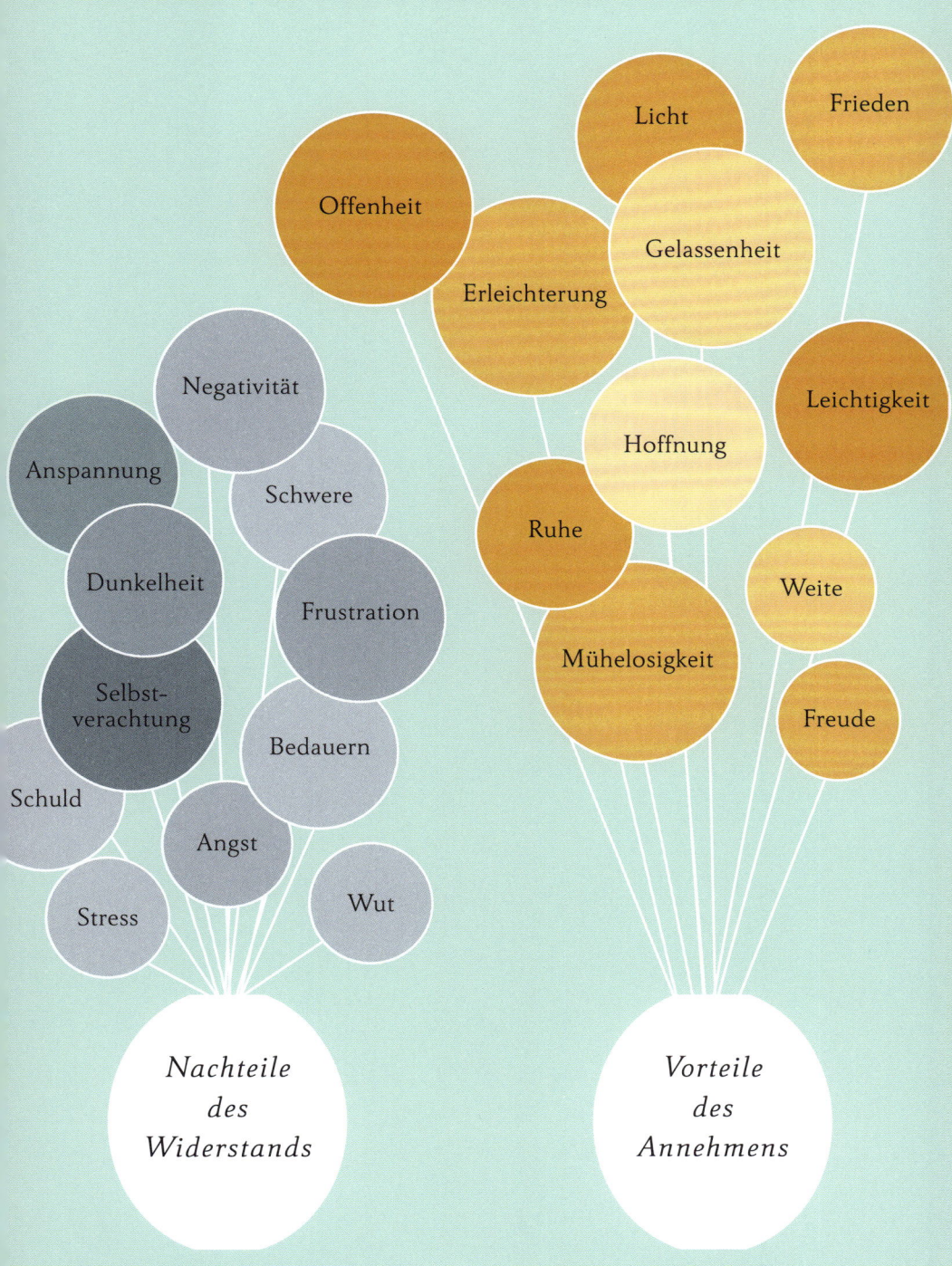

Offenheit

Licht

Frieden

Negativität

Gelassenheit

Erleichterung

Anspannung

Schwere

Leichtigkeit

Dunkelheit

Hoffnung

Frustration

Ruhe

Weite

Selbst-
verachtung

Mühelosigkeit

Bedauern

Freude

Schuld

Angst

Stress

Wut

*Nachteile
des
Widerstands*

*Vorteile
des
Annehmens*

Sehen wir uns nun genauer an, wie dieser Prozess des Akzeptierens sich entfalten könnte. Charlotte, 45, kam in meine Praxis, nachdem sie erfahren hatte, dass ihr Ehemann Jerry seit sechs Monaten eine Affäre mit einer Arbeitskollegin hatte. Das Paar war seit 18 Jahren verheiratet. Während Jerry duschte, sah Charlotte sein Handy aufleuchten — eine Nachricht von der anderen Frau. Charlotte war, als hätte sie einen Schlag in die Magengrube bekommen.

Als Jerry aus dem Badezimmer kam, stellte sie ihn zur Rede. Zuerst stritt er alles ab. Nachdem Charlotte ihn unter Schluchzen immer weiter bedrängte, gab er schließlich zu, was beide schon wussten. Charlottes Vorstellung von ihrem perfekten Leben brach zusammen.

Charlotte kam dann zusammen mit Jerry zu mir. Jerry zeigte große Reue und war sofort bereit, die Affäre zu beenden. Ich betrachtete dies als positives Zeichen, denn ich erlebe oft Paare, bei denen es kaum Reue gibt. Jerry ließ sich sogar in eine andere Abteilung seiner Firma versetzen, um einen Abstand zwischen sich und die andere Frau zu bringen.

Anfangs war Charlottes Haltung sehr starr: »Das hätte einfach nicht passieren dürfen.« Sie befand sich in einem durchaus gerechtfertigten Zustand des absoluten Widerstands. Sie fühlte sich betrogen, und ihre Welt war zersprungen, was ihr extremen Schmerz zufügte. Ihr Nervensystem war alarmiert und in chronischen Kampfmodus versetzt worden. Immer wieder grübelte sie darüber nach, was passiert war, und wollte alle Einzelheiten jedes Treffens erfahren. Jerry war bereit, davon zu erzählen, aber jede weitere Information machte seine Frau nur noch wütender.

Charlotte befand sich in einem schrecklichen Zustand, in dem sie ihren Mann nicht mehr akzeptieren konnte *(Ich dachte immer, er wäre ehrlich und zuverlässig.)*, sich gegen ihre Situation wehrte *(Ich wünschte, das wäre nie passiert.)* und die Vergangenheit verwünschte *(Wenn ich nur zurückgehen und etwas ändern könnte.)*. Sie hatte sogar Schwierigkeiten, sich selbst anzunehmen *(Ich muss eine furchtbare Ehefrau sein.)*. Sie litt unter jeder Form des *Nicht*-Akzeptierens. Sie empfand kein Mitgefühl mit Jerry, mit der anderen Frau oder mit sich selbst. Tief in ihrem Innern verbarg sich eine unausgesprochene Scham, denn Charlotte meinte, das Geschehene verdient zu haben, weil sie keine perfekte Ehefrau gewesen war.

Die Reise vom Widerstand zur Akzeptanz dauerte bei Charlotte und Jerry Monate. Charlottes hartnäckiger Widerstand verhinderte, dass sie in der Lage war, sich weiterzubewegen. Immer wieder machte sie Jerry Vorwürfe, gab sich selbst die Schuld, wünschte sich, dass alles anders wäre und kaute in einem fort Vergangenes durch. So steckten die beiden fest. Für mich war klar: Wenn Charlotte nicht irgendwann ihren Widerstand aufgeben kann, dann wäre es nicht Jerrys Affäre, die die Ehe zerstörte, sondern die Nachwirkungen. Eine Heilung war nur möglich, wenn Charlotte es schaffen würde, ihre Situation anzunehmen.

> *Wenn Charlotte nicht irgendwann ihren Widerstand aufgeben kann, dann wäre es nicht Jerrys Affäre selbst, die die Ehe zerstörte, sondern die Nachwirkungen.*

DER BEGINN DER VERÄNDERUNG

Selbstmitgefühl war der Schlüssel für Charlotte. Indem sie sanft und mit Verständnis die Größe ihres Schmerzes und ihres Verlusts anerkannte, machte sie den Weg für eine Veränderung frei. Sie überließ sich ganz ihrem Kummer, ohne zu wünschen, dass alles anders wäre. Ihr Herz öffnete sich nach und nach, bis sie schließlich innerlich zur Ruhe kam, erst durch das Annehmen ihres Schmerzes (»Das ist, was ich fühle.«), und dann durch die Annahme ihrer Situation (»Das ist mir widerfahren.«).

Indem sie ihr eigenes Erleben nun anerkannte, anstatt zu versuchen, es sich auszureden, konnte sie sich selbst trösten. Sie ließ jetzt all ihre Gefühle zu. Diejenigen, die schrecklich waren (ihr Leiden), wichen einem Gefühl des Getröstetseins (ihre eigene Wertschätzung). Was für eine Erleichterung, ihr Erleben zu billigen und anzunehmen, anstatt es weg-zudrängen, zu bekämpfen, es zu verurteilen, sich ihm zu widersetzen.

Wenn wir unsere Gefühle und unser Erleben eins nach dem anderen annehmen, reduzieren wir die Spannung und den Stress in Körper und Geist. Neurologisch gesehen wird dabei das parasympathische Nerven-system aktiviert (das Alles-ist-gut-System des Körpers), sodass wir zur Ruhe kommen, uns entspannen und neue Energie gewinnen. Eine Haltung der Annahme, auch unserem eigenen Widerstand gegenüber, macht den emotionalen Raum frei, der vorher ganz von Widerstand eingenommen wurde. Nun sind wir frei, unsere Situation in Frieden anzunehmen. Danach gibt es Raum für etwas Neues, für die dritte Phase der Reise — neue Möglichkeiten.

DAS MÖGLICHKEITS-PARADOX

Wenn wir das »Nein« hinter uns gelassen und das »Ja« erreicht haben, entsteht Platz für die Frage »Und was jetzt?«. Dann erst können wir uns umschauen, nicht mehr mit Angst oder Wut, sondern mit Neugier. Wir können mit einer größeren Klarheit des Geistes eine neue Perspektive finden – und so einer Veränderung den Weg bereiten.

Nachdem Charlotte ihren Widerstand aufgegeben und die Situation angenommen hatte, konnte sie weitergehen (»Und was jetzt?«). Von dieser Position aus waren Charlotte und Jerry in der Lage, gemeinsam daran zu arbeiten, eine »neue Ehe« aufzubauen. Offensichtlich hatte es in der alten Ehe Risse gegeben. Mit der Zeit wurden in unseren Sitzungen die Jahre der Einsamkeit aufgedeckt, über die vorher nie gesprochen worden war.

Charlotte wurde klar, dass sie *keine* schlechte Ehefrau gewesen war, aber einen großen Teil ihrer inneren Welt für sich behalten hatte. Sie war so sehr damit beschäftigt gewesen, ein perfektes Heim zu schaffen, dass sie Jerry nicht an ihren Sorgen, ihren Kämpfen oder ihren Gefühlen hatte teilhaben lassen. Und sie hatte auch verhindert, dass er an der Erziehung der gemeinsamen Tochter ausreichend beteiligt war. In der Folge fühlte sich Jerry isoliert, nicht mit Charlotte verbunden und nicht von ihr geliebt. Beide lebten in getrennten, einsamen Sphären.

41

RAUM FÜR NEUES

Nachdem Charlotte und Jerry ihre Vergangenheit erkannt und akzeptiert hatten, ging es bei unserer gemeinsamen Arbeit nun darum, Vertrauen und eine tiefere emotionale Verbindung aufzubauen. Charlotte konnte Jerrys tiefe Reue und seine von Herzen kommende Entschuldigung annehmen. Auf dieser Basis arbeiteten beide an den Bedingungen für und den Erwartungen an ihre neue Beziehung, in der sie sich offener austauschen, freier reden und sich stärker miteinander verbinden wollten.

Am Ende unserer gemeinsamen Arbeit waren sowohl Charlotte als auch Jerry glücklicher. Charlotte sagte: »Nachdem ich von Jerrys Affäre erfahren hatte, dachte ich zuerst, dass dies das Schlimmste sei, was mir jemals passieren konnte. Aber jetzt — nun, ich würde nicht sagen, dass es das Beste oder so war —, aber ich kann sagen, dass es ein Weckruf war. Eine Art Alarmglocke. Und ja, es hat die Dinge für uns verändert.« Lächelnd fügte sie hinzu: »Wir haben eine zweite Chance bekommen.«

Ich war sehr gerührt, dass die beiden ihre Liebe neu gefunden hatten. Und ich musste Charlottes Mut anerkennen und ihr Bemühen um Akzeptanz. Sie hatte diese zweite Chance ermöglicht. Wäre sie in ihrem Widerstand stecken geblieben, hätte ihre Ehe niemals die Chance zur Erneuerung bekommen. Doch Charlotte war imstande, ihr Trauma anzuerkennen, ihre Gefühle und ihre Situation anzunehmen und ihr Herz für etwas Neues zu öffnen. Ohne diesen aktiven Prozess der Akzeptanz hätten sie und Jerry keine Chance gehabt.

EINE EINZIGARTIGE REISE

Vom Leiden über innere Ruhe zu neuen Möglichkeiten – die Reise zur Akzeptanz verschafft dem Geist und der Seele Frieden. Und aus diesem tiefen inneren Frieden entspringt emotionale Freiheit. Bei jedem Einzelnen wird dieser Prozess anders aussehen, abhängig von seinem Hintergrund, seiner Persönlichkeit und seinem Temperament. Die Art, wie jeder Einzelne seine Reise steuert, ist selbst eine einzigartige Übung in Akzeptanz. **Sie reisen auf Ihre Art, und das ist die richtige Art für Sie.**

VOM »NEIN« ZUM »JA«

Der schwierigste Teil der Reise zur Akzeptanz ist der Schritt vom Widerstand zur Annahme – vom »Nein« zum »Ja«. Daran scheitern viele von uns. Manchmal scheint die Tür zur Annahme fest verschlossen. Aber es gibt einen Schlüssel dafür, der sich schon in Ihren Händen befindet – Selbstmitgefühl. Damit befassen wir uns im nächsten Kapitel.

POWER-WERKZEUGE

ERSTES WERKZEUG: VISUALISIERUNG

Sitzen Sie mit geschlossenen Augen und stellen Sie sich vor, wie Sie in einem reißenden Fluss gegen die Strömung schwimmen. Sie kämpfen heftig gegen die gewaltige Kraft an. Fühlen Sie die Anspannung in Ihren Muskeln, die Müdigkeit in Ihrem Körper, den Kampf, über Wasser zu bleiben. Spüren Sie das Wasser in Ihrem Gesicht, während Sie nach Luft schnappen. Dies ist der **Widerstand** gegen die Realität.

Jetzt stellen Sie sich vor, wie Sie loslassen, den Kampf beenden und sich dem Fluss und seiner Strömung überlassen. Sie drehen sich auf den Rücken und lassen sich von der Strömung des Wassers weitertragen. Spüren Sie die Sonne auf dem Gesicht, betrachten Sie den weiten, blauen Himmel über sich. Das Wasser trägt Sie. Dies ist **Annehmen.**

Und schließlich stellen Sie sich vor, dass Sie auf einem stabilen Floß liegen, während Sie friedlich flussabwärts gleiten — ganz zufrieden. Sie setzen sich auf und betrachten die Schönheit der Natur an den Ufern. Was ist wohl um die nächste Ecke? Es gibt eine Vielzahl von Gelegenheiten, anzuhalten und etwas zu erkunden, wenn Sie denn möchten. Dies sind **neue Möglichkeiten.**

BONUS-WERKZEUG: ENTSPANNENDE ATEMÜBUNG

Die 4-7-8-Atmung ist eine sehr alte Atemtechnik, die den Körper entspannt und so das zentrale Nervensystem beruhigt. Wer diese Atemübung regelmäßig praktiziert, wird mit der Zeit ruhiger und weniger irritierbar.

1 Durch die Nase einatmen und dabei innerlich bis **4** zählen.

2 Den Atem anhalten und innerlich bis **7** zählen.

3 Durch den Mund ausatmen, als würden Sie Luft durch einen Strohhalm blasen, während Sie bis **8** zählen. Sie werden spüren, wie die Muskeln sich entspannen und das Herz ruhiger schlägt.

4 Den gesamten Zyklus sofort zweimal wiederholen.

Um mit der Zeit eine stärkere Wirkung zu erzielen, morgens und abends jeweils drei Zyklen dieser Atemübung durchführen.

BONUS-WERKZEUG: MEDITATIVE BETRACHTUNG

Etwas ganz in Ruhe zu betrachten, entspannt den Körper — ein einfaches Achtsamkeitstraining. Wählen Sie eins der folgenden Bilder.

HIMMEL: Schauen Sie ein paar Minuten lang den Himmel an oder visualisieren Sie den Himmel vor Ihrem inneren Auge. Achten Sie auf seine Farbe. Sind Wolken am Himmel? Falls ja, welche Beschaffenheit haben sie? Beobachten Sie alle Veränderungen am Himmel. Versuchen Sie, die Majestät des Himmels wie ein staunendes Kind in sich aufzunehmen. Denken Sie an den Himmel als einen Ort ohne Widerstand, in dem sich Wolken, Regen, die Morgen- und Abenddämmerung ausbreiten können. Achten Sie auf Ihre Gedanken, als wären sie Wolken. Beobachten Sie, wie sie über den Himmel Ihres Bewusstseins ziehen. Lassen Sie den Himmel Ihr Lehrer für Schwerelosigkeit und Akzeptanz sein.

BAUM: Schauen Sie ein paar Minuten lang einen Baum an oder visualisieren Sie ihn im Kopf. Achten Sie auf die Rinde, die Farbe der Blätter, die Lichtreflexion auf dem Baum. Können Sie Geräusche hören oder Bewegungen sehen? Denken Sie daran, dass der Baum Wind und Regen nicht widersteht. Er leistet keinen Widerstand, wenn seine Blätter die Farbe wechseln oder zu Boden fallen. Stellen Sie sich vor, wie der Baum die Kräfte der Natur annimmt. Machen Sie den Baum zu Ihrem Lehrer für Hinnahme und Akzeptanz.

> *Machen Sie den Baum zu Ihrem Lehrer für Hinnahme und Akzeptanz.*

»Wohin du auch gehst, geh mit deinem ganzen Herzen.«

KONFUZIUS

2

DER SCHLÜSSEL:
SELBSTMITGEFÜHL

Vor mir saß die 29-jährige Cindy und putzte sich die Nase. Wir hatten unsere erste Sitzung, und sie beschrieb unter Tränen, wie sie vor Kurzem während einer Hochzeit eine Panikattacke gehabt hatte. Bald würde ihre beste Freundin heiraten, und Cindy machte sich Sorgen, dass sie wieder eine Panikattacke haben könnte. Diesmal stand noch mehr auf dem Spiel, denn sie war Trauzeugin und würde neben der Braut stehen. Cindy hatte schreckliche Angst, die Hochzeit zu ruinieren.

Sie schalt sich selbst und sagte: »Ich bin so eine idiotische Versagerin. Wer hat schon Panikattacken bei einer Hochzeit?« Wieder griff sie zum Taschentuch und fuhr dann fort: »Das darf einfach nicht sein, es ist ein Albtraum. Ich muss sicher sein, dass es nicht noch einmal passiert. Was kann ich tun?«

Ich sah sofort, dass Cindy von Widerstand geradezu durchdrungen war. Und ihre Besorgnis steigerte sich noch, während sie sprach. Sie kämpfte gegen ihre Angst, gegen sich selbst, gegen das, was passieren könnte. Als Folge davon war sie total steif und verspannt.

Während Cindy versuchte, sich einen Weg aus ihrer Angst zu erkämpfen, wusste ich schon, dass ihr Weg zur Heilung wahrscheinlich anders aussehen würde, als sie das erwartete. Ich hatte schon oft Klienten mit Panikattacken gehabt und mir war klar, dass Cindy lernen musste, sich ihren Attacken zu stellen und sie zu akzeptieren, anstatt gegen sie zu kämpfen. Dann würden diese seltener und weniger qualvoll werden.

ACHTSAMKEIT UND MITGEFÜHL

Cindy sagte mir, dass sie keine Medikamente nehmen wollte, sich aber für Achtsamkeit interessierte, über die sie etwas gelesen hatte. Achtsamkeit ist ein Bewusstseinszustand, bei dem man seine Aufmerksamkeit absichtsvoll lenkt. Man nimmt absichtsvoll wahr, was ist, und bleibt mit seiner Aufmerksamkeit dabei. **Achtsamkeit ist eine Form der Akzeptanz.**

Achtsamkeit zu praktizieren, ist relativ einfach, wenn es um Achtsamkeit beim Essen oder beim Betrachten eines lächelnden Kindes geht. Eine größere Herausforderung wird es jedoch, wenn man versucht, sich auf schwierige Emotionen oder Empfindungen zu konzentrieren, wie körperlichen Schmerz, Kummer, Angst oder Befürchtungen. Normalerweise wollen wir derartigen Empfindungen keine Aufmerksamkeit schenken. Unser erster Impuls ist genau das Gegenteil — Ablenkung und Flucht!

Sogar mit einer Haltung vorurteilsfreier Neugier kann es schwer sein, unsere Achtsamkeit auf unbehagliche Zustände zu lenken. Es braucht vielleicht etwas Hilfe, um das Unerträgliche zu betrachten. Diese Stärkung liefert uns das Selbstmitgefühl. Stellen Sie sich das achtsame Erleben Ihrer inneren Empfindungen wie einen stabilen Holzstuhl vor. Darauf können Sie sitzen, aber es ist unbequem. Selbstmitgefühl ist wie ein weiches Kissen, das den Stuhl bequemer macht.

Aber was genau ist Selbstmitgefühl? Oft wird es mit Schwäche, Egoismus oder Nachgiebigkeit gegenüber sich selbst verwechselt. **Selbstmitgefühl heißt, dass Sie sich selbst eine nicht wertende Freundlichkeit entgegenbringen. Selbstmitgefühl umfasst jeden Teil von Ihnen, auch Ihr Leiden, genauso, wie Sie sind.**

Die renommierte Psychologin Kristin Neff schreibt, Selbstmitgefühl sei, als spräche man zu sich selbst wie zu einer guten Freundin. Neffs Forschung betont die vielen Vorteile von Selbstmitgefühl — es reduziert Depressionen, Ängste und Stress und verstärkt Resilienz, Zufriedenheit und Glück. Für Neff beruht Selbstmitgefühl auf drei wichtigen Komponenten: Achtsamkeit, geteilte Menschlichkeit und Freundlichkeit.

Diese Komponenten des Selbstmitgefühls übe ich mit meinen Klienten in einer Praxis, die ich **AVS** nenne (anerkennen, verbinden, freundlich sprechen). Selbstmitgefühl kann sich zuerst unbehaglich und peinlich anfühlen, daher empfehle ich, dem Ansatz zu folgen, während man zunächst *so tut,* als fühlte man Mitgefühl mit sich selbst — auch wenn es schwerfällt. Mit der Zeit wird sich das echte Gefühl einstellen. Neurowissenschaftliche Forschung zeigt, dass zwischen Neuronen, die häufig gleichzeitig aktiv sind, mit der Zeit eine Verbindung entsteht (der Neuropsychologe Donald Hebb drückte es verkürzt so aus: *what fires together, wires together).* Selbstmitgefühl wird also mit der Zeit zur Gewohnheit werden. Nach und nach verändert sich das Gehirn, sodass Selbstmitgefühl leichter fällt, sich selbstverständlich anfühlt und den Weg zur Selbstakzeptanz ebnet.

» **Zwischen Neuronen, die oft gleichzeitig aktiv sind, entsteht eine Verbindung.** «

DONALD HEBB

A

*Eine Situation anzu-
erkennen, wirkt heilsam,
und das können Sie
für sich selbst tun.*

DIE INNEREN SUPERKRÄFTE NUTZEN

Bevor ich mit Cindys Geschichte fortfahre, wollen wir das Prinzip **AVS** und die drei Komponenten des Selbstmitgefühls näher betrachten.

DIE SITUATION ANERKENNEN

Das kann zum Beispiel bedeuten, sich selbst zu sagen: »Ashley, du fühlst dich so traurig und verängstigt.« Ein Gefühl anzuerkennen, ist ein wirksames Heilmittel. Seine Macht beruht darauf, dass sich Körper und Geist entspannen.

Daniel J. Siegel, Psychiater und Autor, schreibt, dass es darum geht, die erlebten Gefühle zu »benennen, um sie zu zähmen« *(name it to tame it)*. Er erläutert, dass durch das Benennen eines Gefühls der Kortex aktiviert wird, was wiederum den Hirnstamm beruhigt. Denn wenn der kognitive Teil das Gefühl anerkennt, werden Neurotransmitter gebildet, die das primitivere »Reptilien-Gehirn« besänftigen. Wer seine eigenen Gefühle anerkennt, ändert also die Chemie des Körpers.

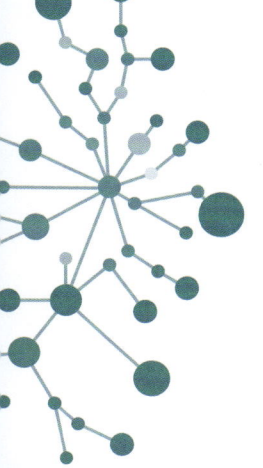

Mit anderen verbunden zu sein,
wirkt heilsam, und das können
Sie für sich selbst tun.

VERBINDUNG AUFNEHMEN

Eine Verbindung entsteht, wenn man zum Beispiel sagt: »Ashley, du bist nicht allein. Viele Menschen fühlen sich traurig und verängstigt, auch genau in diesem Moment.« Wenn man seine Aufmerksamkeit auf ein mit anderen geteiltes Erleben richtet, auf die Tatsache, dass man damit nicht allein ist, fühlt man sich automatisch beruhigt. Wir sind als Menschen auf Verbindung zu anderen gepolt, und wir fühlen uns besser, wenn wir uns daran erinnern, dass wir Teil einer größeren Gruppe sind.

Shelley E. Taylor, Autorin des Buches *The Tending Instinct,* entwickelte eine eigene Theorie zur Reaktion auf Stress. Sie beobachtete, dass Menschen, vor allem Frauen, sich während stressiger Zeiten einander zuwenden, um sich gegenseitig Kraft zu geben. In Situationen, in denen wir uns sozial geborgen fühlen, setzt unser Gehirn das sogenannte Glücks- oder Kuschel-hormon Oxytocin frei, sodass wir uns getröstet, verbunden und unterstützt fühlen. Indem wir uns selbst an unsere Verbindung mit anderen erinnern, aktivieren wir wirksam den Teil unseres Gehirns, der nicht nur Stress redu-ziert, sondern uns auch ein Gefühl liebevoller Verbundenheit gibt.

Freundlich zu sich selbst zu sprechen,
wirkt heilsam, und das können Sie
für sich selbst tun.

FREUNDLICH ZU SICH SELBST SPRECHEN

Man kann zum Beispiel freundlich zu sich selbst sagen: »Ashley, das wird schon wieder. Du wirst darüber hinwegkommen.« Studien haben ergeben, dass es wirkungsvoller ist, zu sich selbst in der zweiten Person zu sprechen als in der ersten Person. Wenn man sich selbst mit »du« anspricht (oder mit dem eigenen Namen), anstatt »ich« zu sagen, wird das für Fürsorge zuständige Hirnareal aktiviert und ein stärkeres Gefühl der Unterstützung erzeugt. Wer freundlich zu sich selbst spricht, erreicht das »höhere Selbst«, den Teil eines Menschen, der für Beruhigung und Trost zuständig ist.

Studien zum Modell der Inneren Familie (basierend auf der Annahme, dass der Geist aus mehreren Unterpersönlichkeiten besteht), als auch zu akzeptanz- und commitmentbasierten Therapien bestätigen die positive Wirkung, wenn man sein »beobachtendes Selbst« aktiviert; man ist dann weniger stark in seiner eigenen Gedankenwelt gefangen.

>> *Studien haben ergeben, dass es wirkungsvoller ist, zu sich selbst in der zweiten Person zu sprechen als in der ersten Person.* <<

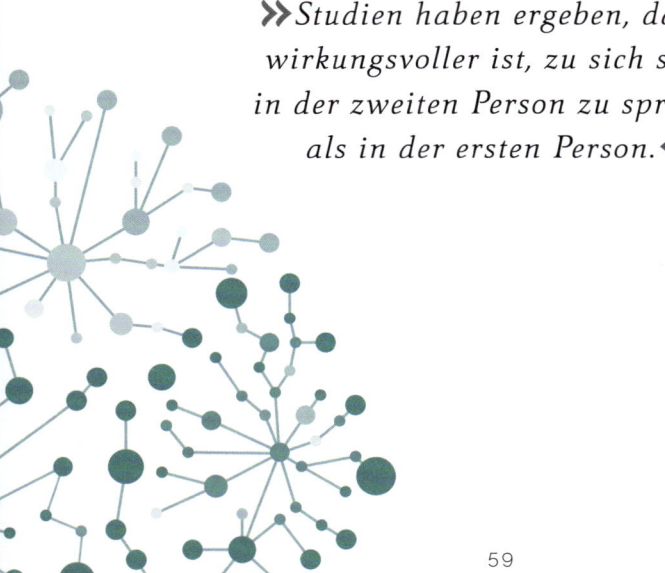

AVS IN DER PRAXIS

Als ich Cindy gegenüber zum ersten Mal äußerte, dass Selbstmitgefühl ein Mittel gegen ihre Angst vor Panikattacken sein könnte, widersprach sie vehement: »Wenn ich nett zu mir selbst bin, wird es nur schlimmer. Ich muss endlich aufhören, mich wie ein kleines Kind zu benehmen.«

Cindy war daran gewöhnt, streng mit sich selbst zu reden, um sich zu motivieren — nur leider half das nicht, es bewirkte sogar das Gegenteil. Von Kristin Neff durchgeführte Studien zum Selbstmitgefühl (siehe Seite 53) zeigen, dass unser Nervensystem einen Angriff registriert, wenn wir streng mit uns selbst sind. Und wenn wir uns angegriffen fühlen, reagieren wir automatisch mit Stressreaktionen wie kämpfen, fliehen oder erstarren. Fühlen wir uns jedoch unterstützt und ermutigt, entspannen wir uns und können klarer denken. Wenn wir Mitgefühl bekommen — auch von uns selbst — fühlen wir uns gleich viel ruhiger.

Ich erklärte Cindy, wie Selbstmitgefühl ihr helfen könnte, und sie erwärmte sich für die Idee. »Was habe ich schon zu verlieren?«, meinte sie und wandte die AVS-Technik vor der Hochzeit an, wenn sie sich gestresst fühlte.

Das eigene Leiden **anerkennen**: Cindy sagte zu sich selbst: »Es ist wirklich hart für dich, dir diese Panikattacke jetzt schon vorzustellen. Du willst sie nicht haben, und du hast solche Angst, deiner Freundin ihren großen Tag zu verderben. Das ist sehr, sehr stressig für dich.«

Die **Verbindung** mit anderen Menschen wahrnehmen: Cindy sagte sich: »Cindy, du bist nicht die Erste auf der Welt, die eine Panikattacke oder Angst vor noch einer hat. Das machen Hunderttausende durch, und nicht erst seit heute. Du bist nicht allein.«

Freundlich mit sich selbst **sprechen**: Cindy sagte: »Ach, Cindy, das wird schon, wie auch immer. Du bist unter lauter Menschen, die du liebst. Du wirst das packen. Möge es dir gut gehen.«

Und wie erging es Cindy? Hatte sie eine Panikattacke während der Hochzeit? Ja, aber nicht während der Zeremonie. Es passierte danach, während des Essens. Aber anstatt zu denken *Das darf nicht sein,* nahm sie wie selbstverständlich sofort Zuflucht zur **AVS**-Technik. Sie versuchte, ihre Situation **anzuerkennen**: »Cindy, du leidest. Das ist jetzt wirklich schwer für dich.« Sie beruhigte sich selbst, indem sie ihre **Verbindung** zu anderen

wahrnahm: »Total viele Menschen haben Panikattacken, du bist nicht allein.« Und anstatt sich selbst als Versagerin zu beschimpfen, **sprach sie freundlich** zu sich selbst: »Das geht vorbei. Du bist eine starke Frau, und du wirst das schaffen.«

Für Cindy war der Abend ein Triumph, denn sie war nicht gescheitert, selbst mit einer kurzen Panikattacke nicht. Sie war damit gut zurechtgekommen, die Welle der Angst hatte nur Minuten gedauert und nicht den ganzen Abend. Ihre Beziehung zu sich selbst und ihrer Angst änderte sich; sie wurde ihre eigene beste Freundin.

Als Cindy nach der Hochzeit durch meine Tür kam, platzte sie strahlend heraus: »Ich hätte mir nie vorstellen können, keine Panik vor der Panik zu haben.«

»Vor unserer gemeinsamen Arbeit«, fuhr sie fort, »wäre ich wahrscheinlich während des Essens gegangen. Ich wäre am Boden zerstört gewesen. Stattdessen ging es mir gleich wieder gut, und ich blieb bis zum Schluss.«

»Und wissen Sie, was?«, fügte sie lachend hinzu, »Ich habe den Brautstrauß gefangen!«

DEM WIDERSTAND WIDERSTEHEN

Widerstand ist ein Kampf, der Energie und Seelenfrieden raubt. Als Cindy zum ersten Mal zu mir kam, war sie völlig in ihrem Widerstand gefangen. Sie hasste die Panikattacken und wollte unbedingt, dass sie aufhören. Sie konnte sich nicht vorstellen, ihre Angst anzunehmen.

Wenn wir uns im Zustand des Widerstands befinden (uns wünschen, dass etwas anders wäre, als es ist), erleben wir uns selbst als hart, und unser Herz ist verschlossen. Wir strampeln kräftig gegen unsere Realität an. Nur wenn wir Verständnis für unseren Kampf und die damit einhergehenden Empfindungen aufbringen, können wir uns dem Annehmen zuwenden. Wir akzeptieren unseren Widerstand, ohne dass wir versuchen, ihn zu verändern oder zu unterdrücken. Ah, wir fühlen uns bestätigt! Das Herz entspannt sich ein wenig, und paradoxerweise beginnt sich nun der Widerstand aufzulösen.

Stellen Sie sich den Widerstand als ein kleines, verängstigtes Kind vor, das sich im Schrank versteckt. Wenn Sie ihm freundlich sagen, dass Sie verstehen, dass es Angst hat, und wenn Sie Ihr Mitgefühl zeigen, dann fühlt es sich akzeptiert. Wenn Sie es in den Arm nehmen, sodass es sich sicher fühlt, kann es zur Ruhe kommen. Wenn Sie mit diesem verängstigten Teil Ihrer selbst, Ihrem inneren Kind, eine Einheit herstellen, dann hört der Kampf auf. Ihr Inneres wird weit.

In unseren Versuchen, uns selbst zu beschützen und uns vom Leiden zu befreien, ist jeder von uns einzigartig. Wir haben alle unsere eigene Geschichte, verschiedene Hirnstrukturen und unsere eigene Art, mit dem Leben zurechtzukommen. Selbstmitgefühl ist genau wie Akzeptanz ein kreativer Prozess, eine Kunst, die jeder auf seine eigene Art ausübt.

>>Selbstmitgefühl ist genau wie Akzeptanz ein kreativer Prozess, eine Kunst, die jeder auf seine eigene Art ausübt.<<

DER FREUND IN UNS SELBST

Mitgefühl kommt von der uns angeborenen Fähigkeit, andere zu lieben. Selbstmitgefühl bedeutet, diese liebevolle Aufmerksamkeit sich selbst zuzuwenden. Dadurch entsteht das Gefühl, dass jemand Ihren Schmerz versteht und ihn besänftigen kann: Sie selbst.

Fähigkeiten, die man beständig praktiziert, verbessern sich mit der Zeit, und so wird Selbstmitgefühl schließlich zu Ihrer neuen Grundeinstellung. Allmählich wird Ihr Kampfmodus schwächer, Ihr Widerstand lässt nach, Sie fühlen sich von sich selbst unterstützt und gleiten hinein in den weiten Raum, in dem Sie die Welt um sich her annehmen.

Stellen Sie sich vor, Sie stecken in einem Verkehrsstau und werden zu spät zur Arbeit kommen. Sie wissen, dass Ihr Chef Sie zusammenstauchen wird ... schon wieder. Sie empfinden Widerstand – *Nein, das kann nicht sein. Ich darf nicht zu spät kommen. Ich werde solchen Ärger kriegen.* – Vielleicht schlagen Sie frustriert auf das Lenkrad ein. Die Wut des Widerstands sticht in Ihrem Körper, Ihr Blutdruck steigt. Jeder versteht das, es ist eine natürliche Reaktion, wenn man sich gefangen fühlt.

In dieser Situation wenden Sie **AVS** an, Ihren geheimen Schlüssel zu Selbstmitgefühl. Es beginnt damit, dass Sie Ihre Lage **anerkennen** (»Du bist in einer schrecklichen Situation, es ist echt hart.«), dann **verbinden** Sie sich mit anderen in der gleichen Situation (»Du bist nicht die Einzige in diesem Stau; es ist für uns alle hart; Staus gehören heute zum Leben.«), und schließlich **sprechen Sie freundlich** und liebevoll zu sich selbst (»Ist schon okay, alles ist gut. Auch das geht vorbei.«). Weil Sie Mitgefühl bekommen haben, verlieren Ihre negativen Gefühle an Schärfe, Ihre Muskeln entspannen sich, und Ihr Herz schlägt ruhiger. Sie fühlen sich weniger allein. Ihr Widerstand löst sich auf, und Sie sind frei, um die Realität Ihrer Situation anzunehmen.

Sie erkennen die Tatsache an, dass Sie im Stau feststecken und Stoßstange an Stoßstange mit den anderen Autos stehen. Sie fügen sich der Situation und geben den inneren Widerstand dagegen auf. Ihre negativen Emotionen sind neutralisiert, Ihre Innenwelt entspannt sich, und es entsteht Platz für neue Möglichkeiten: »Okay, was kann ich mit dieser Situation anfangen?« Vielleicht Musik hören, mit einer Freundin telefonieren (natürlich über die Freisprechanlage), ein Hörbuch hören oder einfach die Ruhe genießen. Sie haben die Wahl.

Ist das nicht wunderbar? Selbstmitgefühl verwandelt einen Moment des Leidens in einen Moment, in dem Liebe, Verbundenheit und Unterstützung gegenwärtig sind. Auch wenn die Umstände gleich bleiben, kann unsere Perspektive darauf sich ändern. Stress und Frustration weichen Akzeptanz und Frieden.

Durch Selbstmitgefühl werden wir Teil einer Lösung, anstatt unser Problem zu vergrößern.

DAS GASTHAUS

Das menschliche Dasein ist ein Gasthaus.
Jeden Morgen ein neuer Gast.

Freude, Depression und Niedertracht —
auch ein kurzer Moment von Achtsamkeit
kommt als unverhoffter Besucher.

Begrüße und bewirte sie alle!
Selbst wenn es eine Schar von Sorgen ist,
die gewaltsam dein Haus seiner Möbel entledigt.
Selbst dann behandle jeden Gast ehrenvoll,
vielleicht reinigt er dich ja
für neue Wonnen.

Dem dunklen Gedanken, der Scham, der Bosheit —
begegne ihnen lachend an der Tür
und lade sie zu dir ein.

Sei dankbar für jeden, der kommt,
denn alle sind
zu deiner Führung geschickt worden
aus einer anderen Welt.

RUMI

AVS LERNEN

Die meisten Menschen haben nicht gelernt, freundlich zu sich selbst zu sein. Im Gegenteil, fast jeder kennt diese kritische Stimme im Kopf, die uns sagt, dass ein Teil von uns unfähig und mit Fehlern behaftet ist. Glücklicherweise kann man aber die AVS-Praxis lernen, und Selbstmitgefühl steckt in jedem von uns. Und das Beste: AVS und Selbstmitgefühl sind die natürlichen Gegenspieler der negativen Stimme in unserem Kopf, die uns im Widerstand feststecken lässt.

Selbstmitgefühl zu entwickeln, ist ein kreativer Prozess. Die AVS-Praxis hilft Ihnen dabei, sich Mitgefühl nutzbar zu machen. Sie aktiviert die für Fürsorge zuständigen Hirnareale, sodass die leidenden Anteile sich aufgehoben und weniger allein fühlen. Sie beruhigen sich selbst. **Wenn sich das Selbstmitgefühl mit der Zeit vertrauter anfühlt, wächst die Sicherheit, dass Sie sich selbst Unterstützung geben können.**

AVS ist eine wirksame Technik, aber es gibt auch andere Methoden. So können wir uns vorstellen, Mitgefühl von anderen zu bekommen und selbst anderen gegenüber zu zeigen — eine Technik, die meinem Klienten Duncan geholfen hat.

Der Neurowissenschaftler Richard Davidson stellt fest, dass Selbstmitgefühl eines der wirksamsten Mittel zur Veränderung des Gehirns ist, das die Wissenschaft kennt.

Duncan kam zu mir, weil seine Ehefrau Lorraine ihm eröffnet hatte, dass sie sich scheiden lassen wollte. Er war völlig schockiert und bat sie, mit ihm eine Therapie zu machen. Sie lehnte ab und meinte, für sie sei die Ehe beendet. Sie hatte bereits mit einem Anwalt gesprochen und sagte, dass Duncan die Trennung akzeptieren müsse.

Bei unserer ersten Sitzung zeigte Duncan heftigen inneren Widerstand gegen die Scheidung. Er erklärte, wie er Lorraine seiner Meinung nach zurückgewinnen könnte, und dass er nicht glaubte, dass sie ihre Worte wirklich ernst meinte. Sein Rezept für sein Leiden war, die Wahrheit zurückzuweisen, und er steckte viel Energie in seinen Widerstand.

Duncan und Lorraine waren beide in ihren Fünfzigern, seit elf Jahren verheiratet und ohne gemeinsame Kinder. Es war für beide die zweite Ehe, und sie wohnten in dem Haus, das zuvor Lorraine gehört hatte. Nach Duncans Worten hatte Lorraine ihn gebeten auszuziehen, aber er weigerte sich.

Duncan klagte mir sein Leid. »Ich weiß, dass wir keine Traumehe hatten, aber ich hätte nie gedacht, dass sie Schluss machen würde. Ich habe das wirklich nicht kommen sehen.« Und doch hatte er vermutet, dass Lorraine eine Affäre hatte, und auch er selbst hatte vor fünf Jahren eine kurze Affäre gehabt.

Die Tage wurden zu Wochen, aber Duncan blieb in seinem Widerstand gefangen. Trotz Lorraines wiederholter Aufforderung auszuziehen, weigerte er sich weiterhin. Auch kooperierte er nicht, was die Scheidung anging. Ein Teil von mir wollte ihm sagen: »Sie müssen akzeptieren, was geschieht!« Vor meinem inneren Auge sah ich ein Bild der Sängerin und Schauspielerin Cher vor mir, wie sie in dem Film *Mondsüchtig* von 1987 Nicolas Cage eine Ohrfeige gibt und »Reiß dich zusammen« sagt, nachdem er ihr eine Liebeserklärung gemacht hat, von der sie nichts wissen will.

Stattdessen sagte ich: »Das ist so hart für Sie, es muss so schmerzhaft sein zu erkennen, dass Sie mit einer Frau verheiratet sind, die nicht mehr mit Ihnen verheiratet sein will.« Duncans Augen füllten sich mit Tränen. Er senkte den Kopf und bekannte seine Traurigkeit und Scham: »Ich tauge zu nichts. Ich fühle mich am Boden zerstört.«

Damit hatte Duncan den ersten Schritt im AVS-Prozess geschafft: Er hatte anerkannt, was er wirklich fühlte, und hatte sein Gefühl in Worte gefasst. Ich leitete den nächsten Schritt ein, indem ich sagte: »Das muss so wehtun. Aber mit dieser Traurigkeit sind Sie nicht allein. Sie sind Teil einer großen Gruppe von Menschen, die diese Art Schmerz kennen. Tausenden und Abertausenden erging es genauso, als ihr Partner ihnen seine Trennungsabsicht mitgeteilt hat.«

Mitgefühl gehörte nicht gerade zu Duncans Erfahrungswelt. Er war in einem schwierigen Viertel aufgewachsen, in dem Schwäche ausgenutzt und Verletzlichkeit verlacht wurden. Alles mit dem Beigeschmack von Zärtlichkeit wurde dort mit Misstrauen betrachtet. Für Duncan fühlte es sich schon merkwürdig und unsicher an, dass er sich jetzt gerade öffnete. Aber als ich weiter freundlich zu ihm sprach, konnte er das annehmen.

Ich fuhr fort: »Duncan, Sie werden darüber hinwegkommen.«

Er seufzte und sagte: »Aber wenn ich in diese Scheidung einwillige, muss ich zugeben, was für ein Versager ich bin. Ich bin als Mann völlig wertlos und werde allein sein.«

Ich fragte ihn, ob er bereit sei, eine Visualisierung im Empfangen und Geben von Mitgefühl zu probieren. Er hatte mir vorher schon gesagt, dass sich Selbstmitgefühl für ihn wie eine Schwäche anhörte, als würde man keine Verantwortung übernehmen und sich selbst wie ein kleines Kind behandeln. Aber zu dieser Übung war er jetzt bereit.

MITGEFÜHL FÖRDERN DURCH VISUALISIERUNG

Wenn sich Selbstmitgefühl anfangs nicht einstellen will, kann es hilfreich sein, zunächst das »Empfangen von Mitgefühl« von anderen und/oder das »Entgegenbringen von Mitgefühl« an andere zu visualisieren.

Ich forderte Duncan auf, seine Augen zu schließen und zu überlegen, ob er sich an das Bild eines Menschen oder eines Haustiers erinnern konnte, von denen er irgendwann liebevolle Zuwendung empfangen hatte. Er erinnerte sich an seine Großmutter. Während er sich liebevoll lächelnd ihr Bild vor Augen rief, entspannte er sich sichtbar. Er gestattete sich die Vorstellung, mit ihr zusammen zu sein, während sie gemeinsam Kekse backten und lachten. Er konnte ihr Mitgefühl spüren.

Bei der nächsten Visualisierungsaufgabe sollte er sich das Bild eines Menschen oder eines Tieres vorstellen, dem er ohne Schwierigkeiten seine Liebe zeigen konnte. Wieder lächelte er, als er sich an den Hund erinnerte, den er als Kind gehabt hatte. Ich forderte ihn auf sich vor-zustellen, wie er seinem tierischen Freund liebevolle Energie schickte. Duncans Gesicht wurde weich, und seine Atmung verlangsamte sich. Daraufhin forderte ich ihn auf, jeden Tag ein paar Minuten mit diesen beiden Visualisierungen zu verbringen.

In der darauffolgenden Woche wollte Duncan mehr über AVS erfahren. Ich half ihm dabei, diese einfachen AVS-Sätze zu erstellen: **Anerkennen** – »Duncan, du leidest.« **Verbinden** – »Duncan, du befindest dich in der Gesellschaft von anderen, deren Partner ebenfalls die Scheidung wollen.« **Freundlich sprechen** – »Duncan, es wird dir bald wieder gut gehen. Du hast schon andere schwierige Situationen bewältigt.« Duncan erklärte sich bereit, jeden Tag ein paar Minuten an diese Sätze zu denken. Es war nur ein Anfang für ihn, aber er sollte zu einer größeren Veränderung führen.

>>*Der Schmerz
war für Duncan eine
Chance.*<<

HEILUNG SETZT EIN

In der folgenden Woche teilte mir Duncan mit, dass er seinen Widerstand gegen die Scheidung aufgeben wollte. *Wow*, dachte ich. Das war zwar traurig für Duncan, aber auch emotional befreiend. Zum ersten Mal seit Wochen war er ohne Wut und Widerstand. Damit konnte seine Heilung beginnen.

Und was passierte nun mit Duncan? Erstens fand er zu einem Zustand des Friedens. Sein Kummer dauerte an, aber der innere Kampf war vorbei. Zweitens war er nun sein eigener Freund und dadurch weniger allein und mutiger. Drittens war er durch das Akzeptieren seiner Trauer offen dafür, Trost und Mitgefühl von anderen zu empfangen. Das ist bemerkenswert am Selbstmitgefühl: Anstatt einen schwächer zu machen, macht es stärker, aufnahmebereiter und widerstandsfähiger. Man ist in der Lage, einer schwierigen Wahrheit ins Gesicht zu sehen, weil man sich selbst stützt. Anstatt sich nur auf den Schmerz zu fokussieren, nimmt man die Unterstützung wahr, die man erhält, und das wirkt an sich schon heilsam.

Als Duncan Selbstmitgefühl entwickelte, stellte sich beim ihm die Überzeugung ein, dass es ihm in Zukunft wieder gut gehen würde. Als er seine
innere Opposition und den Kampf aufgegeben hatte, konnte er weitergehen. Sogar in seinem Zustand tiefer Trauer fühlte sich seine Welt nun
größer an, und er konnte neue Möglichkeiten erkennen.

Etwa ein Jahr nach unserer letzten Sitzung rief Duncan mich an, um
mir mitzuteilen, wie es bei ihm weitergegangen war. Da ich meist nur
einen Ausschnitt der Reisen meiner Klienten sehe, freue ich mich immer
zu erfahren, wie die Geschichte weiterging. Duncan erzählte, dass er aus
Lorraines Haus ausgezogen war und sie sich danach hatten scheiden
lassen. Er hatte mit dem Joggen begonnen und sich einer Laufgemein-
schaft angeschlossen, in der er eine neue Frau kennengelernt hatte.
Er bedankte sich dafür, dass ich ihn mit Selbstmitgefühl und Akzeptanz
vertraut gemacht hatte. Sein Widerstand gegen alles Mögliche im Leben
war geringer geworden, und er empfand mehr Frieden. Er hoffte, dass
diese Kombination gut für seine neue Beziehung wäre. Ich nehme stark
an, dass es so sein wird.

ALLES FÄNGT BEI IHNEN SELBST AN

Akzeptanz ist zuerst auf Ihre eigene Person gerichtet, und danach wenden Sie sich mit offenem Herzen dem Leben zu. Selbstmitgefühl ist im Grunde tief empfundene Akzeptanz. Indem Sie rücksichtsvoll und freundlich mit sich umgehen, schaffen Sie die Voraussetzung dafür, andere Menschen und Situationen zu akzeptieren. Aber alles fängt damit an, dass Sie lernen, Ihr eigener bester Freund zu sein.

POWER-WERKZEUGE

WICHTIGSTES WERKZEUG: AVS

Diese zentrale Übung ist wesentlich, um Selbstmitgefühl zu entwickeln. Sie ist der Schlüssel zur Akzeptanz. AVS lässt sich bei allem trainieren, dem Sie Widerstand entgegensetzen — von kleinen Ärgernissen bis zu großem Schmerz.

Anerkennen von Schmerz und Leid.

Verbinden Sie sich mit allen Menschen, die Ähnliches erleben.

Sprechen Sie freundlich mit sich selbst.

Wenn Sie diese Praxis üben, denken Sie daran, zu sich selbst in der zweiten Person zu sprechen. Zum Beispiel: »Ja, (Ihr Name), ich verstehe, dass das für dich schwer zu ertragen ist. Aber du bist nicht die einzige Person, die sich so fühlt. Du wirst dich bald wieder besser fühlen, Schatz. Alles wird gut.« Sprechen Sie in einem warmen, beruhigenden Ton, das erhöht die Wirkung.

Sie haben tatsächlich die Fähigkeit, sich selbst zu beruhigen und zu trösten. Studien zeigen, dass eine körperliche Geste der Zärtlichkeit den Fürsorgebereich des Gehirns noch weiter aktiviert und damit das Gefühl intensiviert, unterstützt zu werden. Führen Sie zusätzlich zu AVS also noch eine der folgenden **Gesten des Selbstmitgefühls** aus, je nachdem, welche sich für Sie gerade am besten anfühlt.

Die Arme reiben.

Sich selbst umarmen.

Die Hände vor der Brust kreuzen und abwechselnd rechts und links klopfen.

Eine Hand auf die Mitte der Brust und die andere auf den Bauch legen.

Eine Hand hält die andere, dabei mit dem Daumen das Handgelenk reiben.

Eine Hand auf die Stirn und die andere auf den Hinterkopf legen.

Das Gesicht in den gewölbten Händen bergen.

Eine Hand oder beide Hände auf Höhe des Herzens legen.

Eine Hand auf das Brustbein legen.

BONUS-WERKZEUG:
VORSTELLUNGSÜBUNG »MITGEFÜHL EMPFANGEN«

Schließen Sie die Augen und stellen Sie sich eine Person, ein Tier oder eine spirituelle Figur vor, die Ihnen Liebe, Mitgefühl und Akzeptanz entgegenbringt. Sehen Sie sich selbst durch die Augen dieses Wesens. Beispiele für liebevolle Figuren könnten sein: Mutter Teresa, Maria, Krishna, Jesus, Buddha, die buddhistische Göttin Kwan Yin, Ihre Großeltern, ein Lehrer, aber auch ein Haustier. Visualisieren Sie, wie dieses Wesen Sie mit liebevollen Augen ansieht und mit mitfühlender Stimme zu Ihnen spricht. Visualisieren Sie, wie es Ihnen Wärme, Liebe und Mitgefühl gibt, auch eine Umarmung. Setzen Sie seine »Brille« auf und versuchen Sie, sich selbst zu sehen, wie dieses mitfühlende Wesen Sie sehen könnte.

Wie fühlt sich das in Ihrem Körper an? Atmen Sie tief ein und aus.

BONUS-WERKZEUG:
VORSTELLUNGSÜBUNG »MITGEFÜHL GEBEN«

Schließen Sie Ihre Augen und stellen Sie sich vor, wie Sie einem Menschen oder einem Tier in Not Mitgefühl entgegenbringen. Es könnte ein Kind sein oder jemand, den Sie gekannt haben, egal ob noch lebend oder nicht mehr auf diesem Planeten. Sie können sich auch ein kleines Kätzchen oder einen Welpen vorstellen, die verloren, nass und ängstlich aussehen. Stellen Sie sich vor, wie Sie Ihnen Wärme, Liebe, Mitgefühl und Zärtlichkeit geben.

Wie fühlen Sie sich, wenn Sie dieses Wesen sehen? Welche Zärtlichkeit können Sie ihm geben? Wie wollen Sie es trösten? Stellen Sie sich vor, wie Sie eine Umarmung, eine Erfrischung, etwas Nettes anbieten. Wie fühlt sich das in Ihrem Körper an? Atmen Sie tief ein und aus.

»Wer mit sich selbst in Frieden leben will, muss sich so akzeptieren, wie er ist.«

SELMA LAGERLÖF

3

SICH SELBST AKZEPTIEREN

Als Claude Anshin Thomas 18 Jahre alt war, meldet er sich freiwillig zum Kriegsdienst in Vietnam. Er nahm aktiv am Kampf teil und bekam mehrere Auszeichnungen. Nach dem Krieg ging es ihm jedoch schlecht. Er litt unter einer posttraumatischen Belastungsstörung und begann, seinen Schmerz mit Drogen und Alkohol zu betäuben. Er fühlte sich wertlos, schuldig und verloren. Er hasste sich selbst für all die Zerstörungen, die er im Krieg angerichtet hatte.

Jahre später traf er auf der Suche nach Heilung und innerem Frieden auf einem Retreat Thich Nhat Hanh, einen vietnamesischen Mönch, der Claude Mitgefühl und Akzeptanz beibrachte. Hanh lud Claude in sein Kloster-Retreat Plum Village in Frankreich ein. Dort wurde Claude in Lower Hamlet untergebracht, einem Teil des Zentrums, in dem eine Gruppe Vietnamesen wohnte. Er fühlte sich nervös und ängstlich, unsicher, ob die Menschen ihn akzeptieren würden, die früher seine Feinde gewesen waren. Also ging er lieber in den Wald und errichtete etwa 500 m von der Gruppe entfernt ein Zelt. Um das Zelt herum stellte er Sprengfallen auf. Er wusste nicht, wer sein Feind und wer sein Freund war.

In seiner Autobiografie *Am Tor zur Hölle. Der Weg eines Soldaten zum Zen-Mönch* beschreibt Claude, wie die Erfahrung, bedingungslos akzeptiert zu werden, ihn veränderte. Als Claude Schwester Chan Khong von den Sprengfallen erzählte, akzeptierte sie, dass das sein Bedürfnis war. Sie sagte, es sei in Ordnung, wenn er diesen Schutz brauchte. Und wenn er die Fallen wieder entfernen wollte, sei das genauso in Ordnung. Nie zuvor hatte Claude eine derartige bedingungslose Akzeptanz erfahren.

Die vietnamesische Gemeinschaft in Plum Village half Claude bei seiner Heilung. Alle akzeptierten seine Vergangenheit und akzeptierten ihn, wie er war. Akzeptanz spielte eine große Rolle für Claudes Heilung. Er fühlte sich von den vietnamesischen Menschen so angenommen, dass er deren Akzeptanz internalisieren und in der Folge sich selbst akzeptieren konnte. Heute, viele Jahre später, ist Claude selbst ein buddhistischer Mönch.

AKZEPTIERT ZU WERDEN IST HEILSAM

Eine gute Psychotherapie setzt auch deswegen Heilungsprozesse in Gang, weil der Therapeut dem Klienten eine Umgebung bedingungsloser Akzeptanz bietet. Wie bei Claudes vietnamesischen Freunden wird die therapeutische Beziehung selbst zu einem Mittel für Akzeptanz und Heilung.

Einmal fragte mich eine Klientin: »Und jetzt, nachdem Sie all diesen Schmutz gehört haben, schmeißen Sie mich jetzt raus?« Es war ein einschneidender Moment für sie, als sie hörte, dass ich ihre Geheimnisse und Verletzlichkeiten nicht als Schmutz, sondern als wichtige Teile ihrer Lebenserfahrung betrachtete und dass ich für sie da sei, egal, was sie mir erzählen würde. Die therapeutische Praxis ähnelt einem modernen Beichtstuhl. Meine Klienten erzählen mir regelmäßig Dinge, die sie sonst niemandem erzählen würden, weil sie Angst vor den Reaktionen haben. Ich bewahre ihre Geheimnisse sicher auf und lasse meine Klienten wissen, dass ich akzeptiere, was sie fühlen und wer sie sind. Wie bei Claude Anshin Thomas ist es die Tatsache, dass sie von jemand anders akzeptiert werden, die eine innere Wandlung zur Selbstakzeptanz in Gang setzt.

>> *Der Schlüssel*
liegt in Ihnen selbst. <<

Die gute Nachricht ist, dass Sie weder eine Therapie noch ein Zen-Retreat brauchen, um Selbstakzeptanz zu verinnerlichen. Der Schlüssel dazu befindet sich in Ihnen selbst. Meine Klienten erleben Selbstakzeptanz ganz von allein — ich habe nur den Samen dafür gelegt. Und während Sie dieses Buch lesen, säen auch Sie den Samen für eine ganz neue Art des Umgangs mit sich selbst. Sie können lernen, von sich selbst Trost, Verständnis und Akzeptanz zu erlangen. Sie können *lernen,* wie das geschehen kann — von Ihnen, für Sie.

Am besten beginnen Sie damit, Ihre Gefühle in jedem einzelnen Moment zu akzeptieren.

EINEN ANFANG FINDEN

Frank polterte in meine Praxis, ließ sich schwer auf einen Stuhl fallen und platzte heraus: »Mein Problem sind diese verdammten Tränen. Ich weine jeden Tag, das muss aufhören. Ich hasse es. Helfen Sie mir.«

Frank war 87 Jahre alt und kam seit dem Tod seiner geliebten Frau Charlene vor sieben Jahren immer wieder einmal zu mir. Die beiden waren durch eine tiefe, dreißig Jahre während Liebe verbunden gewesen, die es mit den Paaren, wie man sie eigentlich nur aus Hollywood-Filmen oder italienischen Opern kennt, aufnehmen konnte. Frank war untröstlich.

Frank und Charlene hatten sich in der Mitte ihres Lebens kennengelernt und waren von da an unzertrennlich. Da Charlene acht Jahre jünger war als Frank, ging er fest davon aus, dass sie ihn überleben würde. Als Charlene schon bald nach einer Krebsdiagnose starb, war das ein Schock.

Obwohl ich Charlene nie getroffen hatte, hatte ich das Gefühl, sie zu kennen. Frank erzählte mir immer wieder Geschichten über ihre großzügige Art und ihre freundliche und liebevolle Haltung. Ihre Liebe hatte aus ihm einen besseren Menschen gemacht.

In unseren Sitzungen ging ich auf seinen Kummer ein und versuchte, ihm zu vermitteln, dass seine große Liebe zu Charlene immer ein Teil von ihm bleiben würde. Dass Charlene nicht länger auf diesem Planeten weilte, hieß nicht, dass ihre Beziehung beendet war. Im Gegenteil – sie war immer bei ihm, jede Minute des Tages.

Langsam wandte sich Frank wieder dem Leben zu, auch wenn er weiter unglücklich war. Er unternahm Reisen und Ausflüge auf seinem Segelboot und verbrachte Zeit mit seinen vielen Kindern und Enkelkindern, die er liebte. Aber jedes Mal, wenn er zu mir in eine Sitzung kam, schüttelte er bekümmert den Kopf und sagte: »Werde ich jemals über Charlenes Verlust hinwegkommen?« Und ich antwortete: »Über den Verlust eines geliebten Menschen kommt man nie hinweg. Man lebt jeden Tag mit diesem großen Verlust und der großen Liebe.«

An diesem speziellen Morgen fühlte sich Frank von seinem Kampf mit seinen Gefühlen derart überwältigt, dass er mich anflehte, ihm dabei zu helfen, seine jeden Tag fließenden Tränen loszuwerden. Die Kunst der Akzeptanz beginnt damit, dass man die Wahrheit des eigenen Erlebens anerkennt. Also sagte ich sanft zu ihm, indem ich die AVS-Methode anwendete (siehe Kapitel 2): »Frank, Sie mögen Ihre Tränen nicht. Sie leiden so sehr an Ihrem Verlust und an dem, was er bei Ihnen auslöst **(anerkennen)**. Sie trauern, so wie viele Menschen schon immer auf der ganzen Welt **(verbinden).** Frank, Sie leben mit einem schrecklichen Verlust, und Sie werden damit zurechtkommen. Ihre Tränen zeigen Ihnen und anderen, was für ein Segen eine große Liebe sein kann. Sie sind Ausdruck Ihrer Liebe zu Charlene und bringen sie ihr näher **(freundlich sprechen).«**

 Frank sah erstaunt aus und sagte dann: »So habe ich meine Tränen noch nie gesehen. Ich denke, dann sind sie schon okay.« Sein Widerstand ließ nach. Als ich Frank das nächste Mal sah, erzählte er mir, dass er nicht mehr gegen seine Tränen ankämpfte, sondern sie als ein Zeichen seiner Verbindung zu Charlene willkommen hieß. Und er ging rücksichtsvoller mit seinem eigenen Kummer um und erkannte, dass er ein Mann war, der mit einem großen Verlust leben musste, aber nur, weil er eine große Liebe erlebt hatte, die ihn noch immer begleitete.

DIE EPIDEMIE DES SELBSTHASSES

Oft hassen wir nicht nur unsere Gefühle und bestimmte Symptome, sondern sogar uns selbst. 1990 fand in Dharamsala in Indien eine Konferenz statt, auf der sich westliche Philosophen, Psychologen, Wissenschaftler und Meditationslehrer mit einem gelehrten buddhistischen Mönch über psychologische Themen austauschten. Die Meditationslehrerin Sharon Salzberg wollte von dem Mönch wissen: »Was halten Sie von Selbsthass?« Der Mönch sah sie verwundert an und wandte sich an seinen Übersetzer, der aber offensichtlich nicht in der Lage war, den Begriff verständlich zu machen. Schließlich richtete er sich wieder an Sharon, neigte den Kopf und fragte auf Englisch: »Selbsthass? Was ist das?«

Die Teilnehmer der Konferenz erklärten, dass Selbsthass im Westen für Menschen aus allen Schichten eine normale Erfahrung sei. Der Mönch war ehrlich neugierig auf ein Gefühl, das ihm seltsam und unnötig erschien. Am Ende der Diskussion sagte er: »Ich dachte, ich wüsste über den menschlichen Geist sehr gut Bescheid, aber jetzt komme ich mir ziemlich ahnungslos vor. Ich finde dieses Gefühl sehr, sehr sonderbar.«

Die meisten Menschen in westlichen Kulturen haben wahrscheinlich schon einmal in irgendeiner Form Selbsthass empfunden. Unser Gehirn ist evolutionär darauf gepolt, ständig Informationen aus unserer Umgebung aufzunehmen und zu speichern; besonders nachhaltig prägen sich negative Erfahrungen ein. Für unsere Vorfahren war das überlebenswichtig. Der Individualismus und das Konkurrenzdenken in den westlichen Kulturen haben dazu geführt, dass negatives Denken sich nach innen richtet und eine Epidemie des Selbsthasses auslöst.

Diese Neigung zum Negativen bringt in vielen Menschen eine strenge Stimme hervor: »Du bist nicht gut genug«, flüstert sie, oder »Du bist nicht klug genug« oder »Alle wissen, dass du nur so tust, als könntest du etwas«. Wahrscheinlich hat fast jeder schon einmal diese kritische innere Stimme vernommen. Sie kann leise sein, aber auch erschreckend laut, sie kann einen beschämen oder herabsetzen.

Die meisten Menschen – egal wie alt, wie gebildet, wie wohlhabend oder welchen Geschlechts – haben schon einmal die Angst empfunden, nicht zu genügen. Und obwohl diese Erfahrung weit verbreitet ist – **jeder glaubt, mit dieser Selbstkritik allein zu sein.**

Auf meiner Therapiecouch haben mir schon viele Menschen die gleiche Geschichte erzählt: Ich erinnere mich an eine dünne 40-Jährige, die mir sagte, dass sie nicht dünn genug ist, und eine 60-Jährige, die sich beschwerte, sie sei nicht jung genug. Es gab einen freundlichen alten Herrn, der erklärte, er sei ein Idiot. Eine attraktive, füllige Frau, die erzählte, dass sie ihren Körper hasst, und einen klugen jungen Mann, der mir gestand, dass er seinen Anblick im Spiegel nicht ertragen kann.

Tara Brach, spirituelle Lehrerin und Autorin von *Mit dem Herzen eines Buddha. Heilende Wege zu Selbstakzeptanz und Lebensfreude* nennt diese Selbstkritik »die Trance des geringen Selbstwertgefühls«. Wir haben alle eine Tendenz zu glauben, dass wir irgendwie minderwertig sind – nicht liebenswert, nicht attraktiv, nicht klug, nicht gut genug. Tara Brach stellt fest, dass die meisten Menschen mit der falschen Annahme leben, dass mit ihnen etwas nicht in Ordnung ist, dass sie sich für etwas schämen müssen, und als Folge sind wir gemein und unbarmherzig zu uns selbst.

DIE BEZIEHUNG ZU SICH SELBST VERÄNDERN

In der Filmkomödie *I Feel Pretty* spielte Amy Schumer 2018 die Rolle von Renee, einer durchschnittlichen, unsicheren jungen Frau voller Selbsthass. Ihr größter Wunsch ist es, schön zu sein, weil sie Schönheit für den Schlüssel zu einem glücklichen Leben hält. Nach einer Kopfverletzung glaubt sie plötzlich, dünn und wunderschön zu sein. Durch ihre veränderte Selbstwahrnehmung ändert sich ihre Welt tatsächlich. Mit ihrem neuen Selbstvertrauen und ihrer Art, sich in der Welt zu verhalten, steckt sie andere an.

Am Ende des Films kehrt Renee zu ihrem »wahren« Selbst zurück. Zuerst ist sie schockiert, weil sie nicht länger »schön« ist. Doch dann entdeckt sie, dass sie sich nie wirklich verändert hat, jedenfalls nicht körperlich. Aber sie erkennt auch, dass sie aufgrund ihrer Überzeugung, wunderschön zu sein, ein Selbstvertrauen ausstrahlte, das sie für andere attraktiv machte. Sie versteht nun, dass Schönheit bedeutet, sich selbst zu lieben, sich selbst so zu akzeptieren, wie man ist, und stolz auf sich zu sein. Es geht nicht um Äußerlichkeiten, ihre Schönheit strahlt von innen heraus. So erkennt sie die Macht – und die Faszination – der Selbstakzeptanz.

Dieser charmante Film enthält die Botschaft, dass Selbstliebe eine eindrucksvolle Kraft für Veränderungen ist. Das erscheint paradox, und das ist es auch tatsächlich. Es geht nicht darum, dass man sich selbst akzeptieren soll, damit man sich verändern kann, sondern darum, dass man mit Selbstakzeptanz den Raum für Veränderungen schafft.

Während Renee Selbstvertrauen gewinnt, weil sie glaubt, sie sei wunderschön, gewann Leia Immanuel Selbstvertrauen, indem sie das von sich zeigte, was traditionell nicht als schön gilt. Leia ist eine Social-Media-Celebrity im Teenageralter, die 100.000 Follower gewann, nachdem sie Selfies ihrer Akne gepostet hatte. Sie entschied, die »hässlichen« Teile ihres Körpers zu zeigen, und traf damit einen Nerv bei Teenagern auf der ganzen Welt. Selbstakzeptanz entstand hier durch das Teilen der ungeschminkten Wahrheit.

Selbstmitgefühl bedeutet, dass ein Teil von Ihnen einem anderen Teil mit liebevoller Freundlichkeit begegnet — einem Teil, der verurteilt und negative Kritik übt, wie falsch sie auch sein mag. Selbstmitgefühl heißt nicht, diesen Teil loszuwerden oder zu verändern (auch wenn er sich irgendwann verändern kann), sondern ihm Aufmerksamkeit zu schenken. Wenn Sie mit denjenigen Teilen von sich arbeiten, die dauernd Selbstkritik üben, stellt die AVS-Technik dafür eine sanfte Methode bereit. Sie ermöglicht es Ihrem höheren Selbst, die Dinge auf eine andere Ebene zu heben.

Wenn Sie sich selbst gegenüber mitfühlend sind, könnte die AVS-Praxis sich zum Beispiel so anhören: **Anerkennen** – »Das ist ein gemeiner Gedanke. Es tut weh, so hart beurteilt zu werden.« **Verbinden** – »Du bist nicht die Einzige, die so denkt. Wir sind alle auf negatives Denken gepolt.« **Freundlich sprechen** – »Du tust, was du kannst. Du bist okay, so wie du bist. Du bist etwas Besonderes.«

Die AVS-Methode besänftigt inneren Widerstand, indem sie allen Aspekten Ihrer Person erlaubt, Teil Ihrer Wirklichkeit zu sein. Immer wieder praktiziert, wird Selbstmitgefühl zur Gewohnheit, polt Ihr Gehirn auf inneren Frieden um und schafft neue Nervenbahnen für Selbstliebe.

»Wenn irgendetwas heilig ist,
so ist es der menschliche Körper.«

WALT WHITMAN

AVS IN DER PRAXIS

Die 42-jährige Susanna hatte ihr Leben lang mit ihrem Gewicht gekämpft. Als sie das erste Mal in meine Praxis kam, litt sie unter einer Depression. Sie fand es schwer zu arbeiten, schwer, eine Mutter zu sein, sie fand es sogar schwer, morgens aufzustehen.

Susanna wollte 23 Kilo verlieren. Sie war sicher, wenn sie das schaffen würde, könnte sie sich selbst lieben und ein besseres Leben beginnen. Aber sie hatte verschiedene Programme zum Abnehmen probiert, und keins hatte funktioniert. In der Folge hasste sie sich noch mehr, weil sie es nicht schaffte, eine Diät durchzuhalten.

Je mehr sie sich selbst verurteilte, desto mehr aß sie — und machte sich dann dafür Vorwürfe. Man kann sich vorstellen, dass ein Mensch, der sich selbst hasst, sich wahrscheinlich selbstzerstörerisch verhalten wird, um sich zu bestrafen. Susannas Widerstand war der Auslöser für eine Abwärtsspirale der Hoffnungslosigkeit und des Leidens, die inzwischen in allen Lebensbereichen Widerstand erzeugte.

Am Grunde dieses Widerstands war Susanna ihres lebenslangen Kampfes mit sich selbst müde. Sie wünschte sich so sehr, sich liebenswert zu fühlen und in Frieden mit sich selbst zu leben. Wie mit dem Weg zu jedem Ziel müssen wir dort beginnen, wo wir sind. Für Susanna war der Ausgangspunkt ihr sehr reales Gefühl von Selbstekel. Unter Verwendung der AVS-Methode begann Susanna damit, ihren Schmerz und ihr Leiden anzuerkennen. Ihr Dialog mit sich selbst klang ungefähr so:

Anerkennen – »Susanna, ich sehe, dass du dich abgestoßen fühlst, wenn du deinen Bauch anfasst. Es ist so schwer, wenn du deinen Körper hasst und wünschst, er wäre anders, als er ist.« **Verbinden** – »Du bist nicht die Einzige, die sich in ihrem Körper unwohl fühlt. Viele Frauen sind schrecklich unglücklich mit ihrem Gewicht.« **Freundlich sprechen** – »Du verdienst es, glücklich zu sein. Ich bin für dich da. Du darfst anders sein. Vielleicht gibt es einen anderen Weg für dich, Susanna. Ich liebe dich genauso, wie du bist. Du bist mehr als dein Gewicht.«

Susanna sprach nun jeden Tag auf diese Art mit sich, und nach und nach wurde ihre Haltung gegenüber sich selbst offener. Langsam veränderte sich ihre Perspektive auf sich selbst, ihre Emotionen wandelten sich, während sie auf dem Weg vom Selbstangriff zur Selbstunterstützung voranschritt. Sie fühlte sich nicht mehr nur schlecht, sondern allmählich immer besser. Gleichzeitig arbeiteten wir an ihrer Fähigkeit, ihrem Körper dankbar für alles zu sein, mit dem er ihr diente; ihre Beine erlaubten ihr, sich durch die Welt zu bewegen; ihre Augen gestatteten ihr zu sehen; ihre Hände gaben ihr die Fähigkeit zu schreiben. Und wie durch Zauber heilte ihre Haut nach einer kleinen Verletzung ganz von allein. Susanna begann, ihren Körper als ein perfekt gestaltetes, nützliches, sogar wunderbares Gefäß zu sehen.

Mit der Zeit fand in Susanna eine tiefgreifende Veränderung statt. Nachdem sie ihren eigenen Schmerz angenommen hatte, erkannt hatte, dass sie mit ihrem Leiden nicht allein war, und immer wieder freundlich mit sich selbst gesprochen hatte, akzeptierte sie, wer sie war, und fand inneren Frieden. Ihr neuer Blick auf sich selbst führte dazu, dass sie ihr Leben veränderte. Ein Mensch, der sich selbst liebt, behandelt sich mit Respekt und geht bedachtsam mit sich selbst um.

Selbstmitgefühl und Akzeptanz sind kreative Prozesse, die miteinander zusammenhängen, Zeit brauchen und sich selbst verstärken. So wie man auch nicht eine einzige Mahlzeit isst und denkt *Wunderbar, nun bin ich für immer satt,* und nicht einmal Sport macht und glaubt *Toll, jetzt bin ich fit fürs Leben,* so sagt man auch nicht einfach ein einziges Mal etwas Nettes zu sich und erwartet, dass das negative Denken sich auflöst. Selbstmitgefühl als Schlüssel zur Akzeptanz ist eine Haltung, die immer wieder eingeübt werden muss. Es ist nicht nur eine neue Art, sich selbst zu sehen, sondern eine neue Art,
mit sich selbst zu *sein.*

STETER TROPFEN

Wie Studien der Neurowissenschaften zeigen, verändert sich das Gehirn durch häufig wiederholtes Denken oder Tun. Diese Fähigkeit zur Veränderung behält es das ganze Leben lang. Wenn man nun eine Veränderung des Gehirns bewirken will, kann man sich die Frage stellen: »Worin möchte ich richtig gut werden?« Wenn man zum Beispiel die Gewohnheit des kritischen Selbstgesprächs pflegt, kann man ein Meister in Selbstverachtung werden, und wenn man sich angewöhnt, immer gehässige Antworten zu geben, wird man mit der Zeit zum aggressiven Menschen. Aber wäre es nicht viel schöner, richtig gut in der Kunst des Selbstmitgefühls zu werden?

Shauna Shapiro, Professorin für Psychologie, hielt 2017 einen Vortrag, der als TEDx-Talk im Internet abrufbar ist, über die Macht der Achtsamkeit. Darin beschreibt sie die Wandlungsfähigkeit des Gehirns mit dem Satz »Was man übt, wird stärker«. Shauna wollte sich eine liebevolle Haltung gegenüber sich selbst angewöhnen. Sie begann mit einer kleinen Handlung und sagte jeden Morgen zu sich selbst: »Guten Morgen, Shauna, ich hoffe, du hast einen schönen Tag.« Dann verstärkte sie die Gewohnheit, freundlich zu sein, und fügte jeden Morgen noch hinzu: »Ich liebe dich, Shauna.« Sie erzählte, dass sie sich anfangs etwas unbehaglich fühlte, als sie diese Sätze sprach, doch mit der Zeit akzeptierte sie das Gesagte und nahm es in sich auf. Bald stellte sie fest, dass sie sich glücklicher und zufriedener mit ihrem Leben fühlte. Denn was man übt, wird stärker, und wenn man die Kunst der Selbstakzeptanz durch Selbstmitgefühl übt, wird Akzeptanz irgendwann zu einem Grundgefühl.

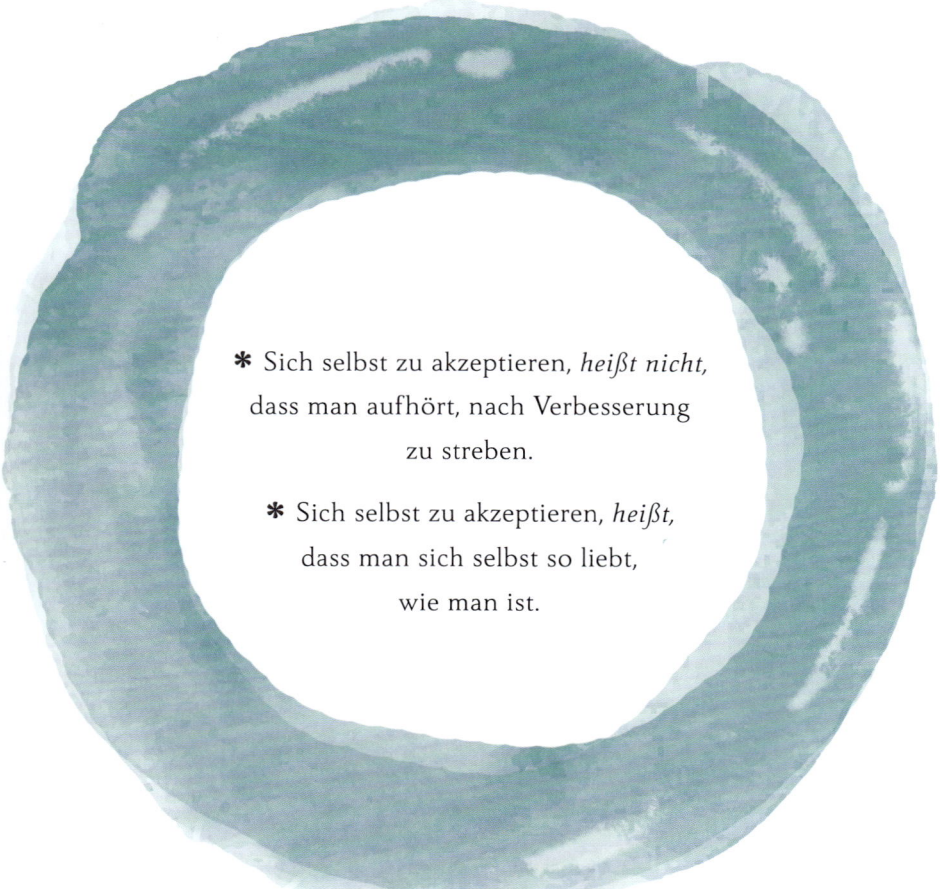

✻ Sich selbst zu akzeptieren, *heißt nicht,*
dass man aufhört, nach Verbesserung
zu streben.

✻ Sich selbst zu akzeptieren, *heißt,*
dass man sich selbst so liebt,
wie man ist.

VIELE TEILE ERGEBEN EIN GANZES

Und was, wenn Sie immer noch glauben, dass Sie grundsätzlich nicht liebenswert sind – oder zumindest einige Aspekte an Ihnen? Wenn Sie in Ihrer Vergangenheit etwas Schlimmes getan haben? Die Gegenwart ist immer von der Vergangenheit geprägt, so wie die Wachstumsringe eines Baums unter seiner Rinde enthalten bleiben. Jedes Jahr wächst der Baum von seinem Kern aus in konzentrischen Kreisen nach außen. Seine Ringe spiegeln vielleicht Jahre der Trockenheit, der Überflutung oder einen kalten Winter wider, aber jeder Ring ist ein Aspekt des Baumes als Ganzes und unterstützt Jahr für Jahr seine Höhe mit wachsender Stärke. Wie in einem Baum die Jahresringe sind all unsere vergangenen Erfahrungen in uns enthalten. Wenn wir schließlich jeden unserer Aspekte als einen Teil unseres jetzigen Selbst akzeptieren, fühlen wir uns stark und ganz.

Erinnern Sie sich an Claude, der sich selbst akzeptieren konnte, nachdem er sich von den Vietnamesen akzeptiert fühlte? Claude hatte mit der Tatsache zu kämpfen, dass er unschuldige Menschen getötet hatte. Er musste akzeptieren, dass er ein Soldat und ein Drogenabhängiger auf dem Weg aus der Sucht war. Aber er war auch ein Vater, ein Sohn, ein kleiner Junge, ein Gitarrenspieler und ein spirituell Suchender. Er war all diese unterschiedlichen Personen. Als er all diese Teile akzeptieren und in sein Selbst integrieren konnte, wurde er stark genug, um sich zu heilen. Er sagte: »Weil ich all diese Teile meines Selbst im gegenwärtigen Moment willkommen heißen konnte, kann ich mein Leben vollständiger leben. Ich wünschte, ich hätte nicht getötet, aber ich habe getötet. Und das zurückzuweisen bedeutet, mich selbst und die Wirklichkeit meiner Taten zurückzuweisen.«

>> *Wie in einem Baum
die Jahresringe sind all unsere
vergangenen Erfahrungen
in uns enthalten.* <<

MIT UNSEREN VIELEN TEILEN REDEN

Wir bestehen alle aus vielen Aspekten, vielen Facetten, vielen Teilen — vielleicht einem selbstkritischen Teil, einem unfreundlichen Teil, einem freundlichen Teil, einem verletzten Kind, einem weisen älteren Menschen, einer fürsorglichen Seele, einem egoistischen Ekel, einem selbstlosen Engel. Nach Richard C. Schwartz, der das Modell der Inneren Familie entwickelt hat (siehe Seite 59), besteht unsere innere Welt aus vielen verschiedenen Aspekten. Schwartz ist der Meinung, dass jeder durch die Kommunikation mit den unterschiedlichen Teilen seiner Persönlich-keit lernen kann, sich selbst zu verstehen. Er geht davon aus, dass alle verschiedenen Teile für die jeweilige Person ihr Bestes tun, damit diese sicher ist — und zwar auch die Teile, die uns scheinbar nicht guttun.

Die Schwartzsche Theorie des Selbst besagt, dass jeder Teil akzeptiert, verstanden und geschätzt werden möchte. Deshalb erlangt man das Ziel eines gesunden Selbst nicht, indem man Teile entfernt, sondern indem man jeden einzelnen versteht und annimmt. Das bedeutet manchmal, dass man einen Teil auffordern muss zurückzutreten, zum Beispiel wenn die Stimme eines sehr kritischen Teils Sie vielleicht davor schützen will, verletzt zu werden. Dieser Teil denkt, wenn er Sie klein hält, werden Sie um Ihrer Sicherheit willen keine emotionalen Risiken eingehen, da diese ein Scheitern zur Folge haben könnten. Während viele unserer Teile in der Kindheit eine sinnvolle Funktion für das Überstehen schwieriger Zeiten hatten, werden sie im Leben eines Erwachsenen nicht mehr benötigt. Sie können dann zu diesem Teil sagen: »Ich habe verstanden, aber du brauchst dir keine Sorgen mehr zu machen, du musst mich nicht länger beschützen. Ich komme schon zurecht, egal, was passiert. Du kannst dich entspannen und dir frei nehmen.«

Der 48-jährige Rick kam zu mir, weil er Probleme mit Wutausbrüchen hatte. Er war nie zuvor in einer Therapie gewesen und stand dem Ganzen sehr skeptisch gegenüber. Aber sein Chef hatte gedroht, ihn zu entlassen, wenn er sich keine Hilfe suchen würde, um seinen Jähzorn unter Kontrolle zu bekommen.

Rick hatte kein Interesse an Selbstmitgefühl, weil er so etwas für Schwäche hielt. Er war mehr dafür, sich selbst einen Tritt zu geben, wenn seine Gefühle oder sein Zorn mit ihm durchgingen. Aber er war bereit, Achtsamkeitsmeditation zu probieren – in seinen Ohren klang das wissenschaftlich. Nachdem wir etwa einen Monat zusammengearbeitet hatten und es

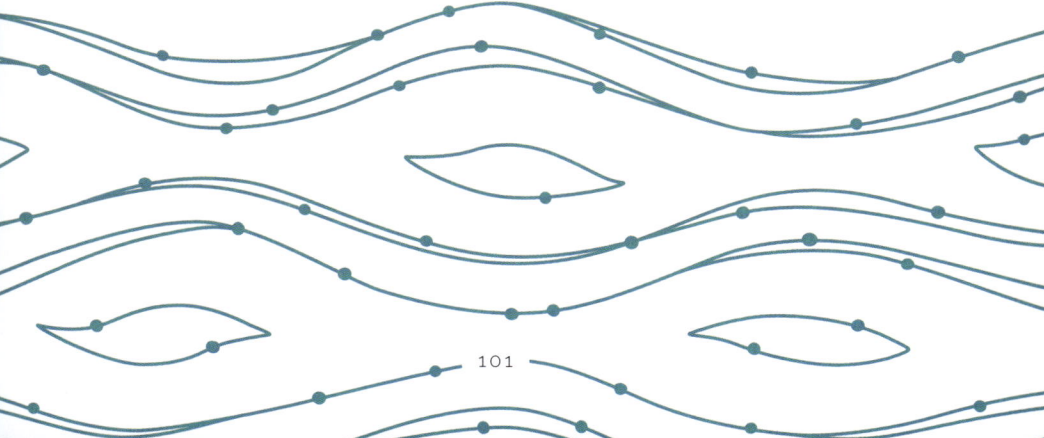

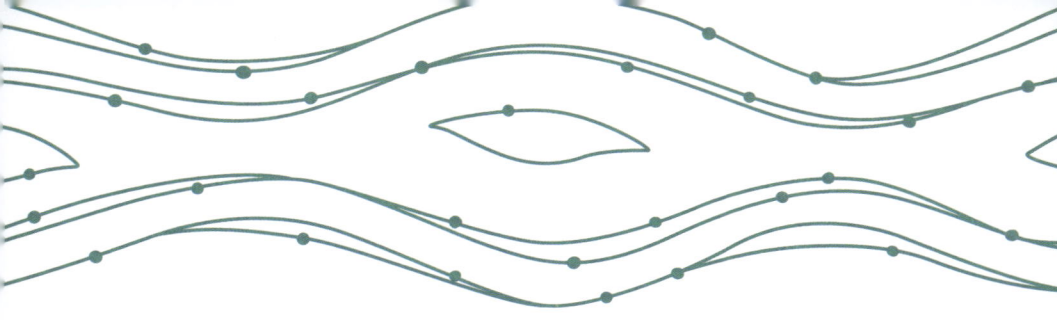

einfacher wurde, mit seiner inneren Welt in Kontakt zu treten, begann er, etwas von seinen »zornigen Gedanken« zu erkennen und zu separieren.

Als ich Rick von dem Konzept der verschiedenen Teile einer Person erzählte, verstand er das sofort. Er wusste intuitiv, dass er einen wütenden Teil, einen ängstlichen Teil, einen liebenden Vaterteil, einen freundlichen Ehemannteil, einen urteilenden Teil hatte. Aber es war der wütende Teil, der in seinem Kopf so oft das Mikrofon in der Hand hielt.

Irgendwann war Rick bereit, seine Augen zu schließen und mich ihn durch eine Visualisierung führen zu lassen. Ich forderte ihn auf, all seine »Teile« in einer Art Gruppentreffen zusammenkommen zu lassen. Als Versammlungsort wählte Rick das Bild eines Tischs in einem Konferenzraum. Einen nach dem anderen luden wir die verschiedenen Teile ein, an dem Tisch Platz zu nehmen. Rick beschrieb, welcher Teil kam und welchem Zweck er in seinem Leben diente.

»Der wütende Teil will nicht mit an dem Tisch sitzen. Er ist total sauer«, sagte Rick, und sein Atem ging schwer.

»Wie alt ist dieser Teil?«, fragte ich sanft.

»Er ist ungefähr acht Jahre alt«, antwortete Rick leise.

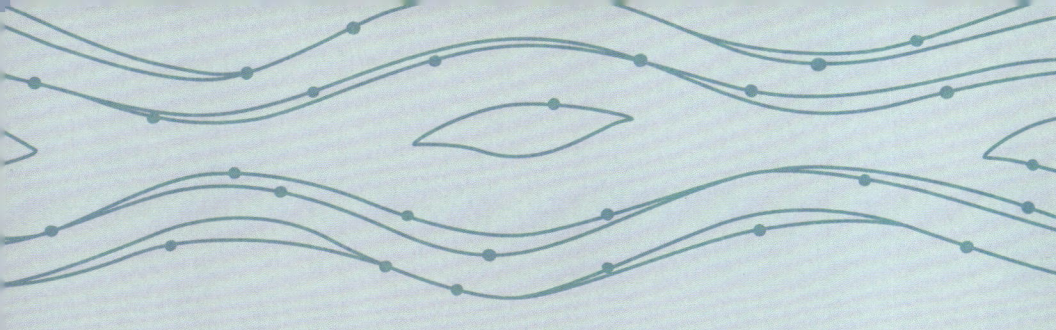

»Können Sie dem Teil sagen, dass es okay ist, dort zu sein, wo er sich gut fühlt, und dass er dort sicher sein wird?«, fragte ich.

Rick hatte seine Augen noch geschlossen, und jetzt rannen Tränen über seine Wangen. »Das ist es ja gerade. Der kleine Kerl fühlt sich niemals sicher.«

Als die Sitzung weiterging, tröstete Ricks liebevoller erwachsener Teil den jungen, wütenden Teil, den achtjährigen Jungen in sich selbst. Dieser Junge war, wie sich herausstellte, von seiner alkoholkranken Mutter misshandelt worden. So lernte er schon früh, dass die Welt nicht sicher war. In dieser Sitzung erzielte Rick einen Durchbruch.

Danach war er offener für die Idee des Selbstmitgefühls als Mittel, sich selbst zu trösten. Er verstand es so, dass ein Teil seiner Selbst nett zu einem anderen war. Seine Wut begann sich aufzulösen, als er verinnerlichte, dass er grundsätzlich in der Welt sicher war und sein eigener bester Freund sein konnte. Als Ergebnis wurde er bei der Arbeit weniger aufbrausend und ein viel netterer Kollege.

DER NÄCHSTE SCHRITT

Sich selbst zu akzeptieren, ist ein sich ständig verändernder Prozess, eine einzigartige Beziehung zu sich selbst. Diese Beziehung entwickelt sich, und sie kann unterschiedlich intensiv sein – von einem höflichen Nicken über einen freundlichen Händedruck bis zu einer liebevollen Umarmung. Wer auf die nächste Ebene gelangen will, um den Prozess von »wohlwollend hinnehmen« in »extreme Selbstliebe« zu intensivieren, sollte sich einer spirituellen Sichtweise öffnen.

Experimentieren Sie damit, sich selbst als »geliebten« Teil eines großen Ganzen zu sehen. Sie existieren in diesem Moment und an diesem Ort als ein Wesen mit einer DNA-Kombination, die sich niemals wiederholen wird. Sie sind so einzigartig wie eine Schneeflocke, unersetzbar. Nie hat es ein Wesen gegeben, das genau wie Sie ist, und es wird auch nie eines geben. Sie sind besonders, heilig – und geliebt als ein wichtiger Teil im Gewebe der Natur in genau diesem Moment.

Dieser Wechsel der Perspektive ist eine spirituelle Erfahrung. Wenn Sie sich als spirituelles Wesen in einem menschlichen Körper betrachten, fühlen Sie sich als Teil von etwas, das größer ist als Sie selbst, von einer höheren Macht, einem größeren Geist, etwas, das mehr ist als Sie. Ob Sie diese höhere Macht nun Mutter Natur, Gott, Dharma, Allah, das Universum nennen oder ihm gar keinen Namen geben – sich von einer höheren Macht angenommen und geliebt zu fühlen, kann Ihrem Leben neuen Sinn geben.

Erkunden Sie den Pfad weiter, auf den Selbstakzeptanz und Selbstliebe Sie führen, und nehmen Sie sich selbst als Teil eines Ganzen wahr.

Denken Sie daran: Ihr heutiges Selbst unterscheidet sich von Ihrem gestrigen (Ihre Zellen erneuern sich vollständig in einem Zeitraum von sieben bis zehn Jahren) und auch von Ihrem zukünftigen. Und ich bin sicher, dass Ihr zukünftiges Selbst Ihnen dankbar sein wird für die Reise zur Selbstakzeptanz, die Sie nun antreten.

Die Stärkung der Selbstakzeptanz erzeugt einen starken Impuls zur Akzeptanz aller Dinge.

POWER-WERKZEUGE

HAUPTWERKZEUG: ZEITREISE-ÜBUNG

Schauen Sie sich ein Kinderfoto von sich selbst an. Wie war es, dieses Kind zu sein, aufzuwachsen? Schließen Sie die Augen und stellen Sie sich vor, wie Ihr momentanes Selbst vor diesem Kind steht. Was würde Ihr heutiges Selbst dem Kind gerne sagen? Können Sie das Kind umarmen? Können Sie ihm sagen, wie die Dinge sein werden, wenn es älter wird? Gibt es etwas, das dieses Kind Ihrem heutigen Selbst sagen möchte? Dieses Kind ist ein Teil von Ihnen, auch heute.

BONUS-WERKZEUG: SPIEGEL-ÜBUNG

Wenn Sie morgens und abends vor dem Spiegel stehen, konzentrieren Sie sich auf Ihre Augen. (Schauen Sie nicht auf Falten, Leberflecken, Sommersprossen.) Sehen Sie sich mit der Absicht in die Augen, hinter die Oberfläche zu schauen. Sagen Sie sich selbst: »Hallo, du bist toll.« Als Nächstes sehen Sie tiefer in sich hinein, auf Ihr heutiges Selbst voller Erfahrungen. Erkennen Sie an, dass Sie nicht perfekt sind, dass Sie menschlich sind — also nicht perfekt. Schauen Sie, ob Sie Zärtlichkeit für sich empfinden können, für die Person, die Fehler macht, sich abmüht, es immer wieder versucht, die liebt. Sagen Sie so etwas wie: »Du bist in Ordnung. Du bist du, und du versuchst es weiter. Du bist ein ganz besonderer Mensch.«

BONUS-WERKZEUG: HERZ-MANTRA-ÜBUNG

1 Tief in den Bauch einatmen.

2 Eine oder beide Hände aufs Herz legen und das folgende Mantra wiederholen:

»Liebe ist um dich.«

»Liebe ist in dir.«

»Du bist eins mit der Liebe.«

3 Die Übung zweimal wiederholen.

»Sei gütig zu jedem, denn alle Menschen kämpfen einen schweren Kampf.«

PLATO

4

ANDERE AKZEPTIEREN

Als ich meinen Ehemann Daniel kennenlernte, aß er rohes Fleisch. Zu unseren gemeinsamen Freuden gehörte das Grillen. Im Winter bereiteten wir sonntags gern einen Topf Chili con Carne zu. Wir brieten Schweinekoteletts, wir liebten Rindfleischeintopf, und zarte Steaks waren unser Lieblingssnack. Unsere Essgewohnheiten strukturierten unser Zusammenleben und waren Gegenstand romantischer Erinnerungen.

Dann wurde Daniel Vegetarier. Er erwartete nicht, dass ich ihm folgte, aber es war nicht mehr das Gleiche, einen Teller Chicken Wings zu verspeisen. Das Essen erzeugte nun eher eine Kluft als die vorher übliche Gemeinsamkeit. Also beschloss ich, ebenfalls Vegetarierin zu werden.

Nun genossen wir gemeinsam kunstvoll gestaltete Käseplatten und Omeletts in allen Variationen. Wir entdeckten neue Gaumenfreuden, machten Verkostungen mit gereiftem Cheddar und entdeckten Sachen wie Ei, Käse und Erdnussbutter auf Kräckern.

Dann wurde Daniel Veganer. War da überhaupt noch etwas zum Essen übrig? Unsere schönen gemeinsamen Essensfeste waren beendet, und das machte mich traurig. Richtig traurig. Daniel war zu einem anderen Mann mit einer neuen Mission geworden. Der Bauernjunge und Jäger, den ich geheiratet hatte, weigerte sich, noch irgendwelche tierischen Produkte zu essen. Ich war schockiert und dachte verbittert: *Du bist nicht der Mann, den ich geheiratet habe!*

Nun ist das Akzeptieren wechselnder Essensgewohnheiten bei einem Ehepartner eine relativ kleine Sache, verglichen mit etwas so Großem wie der Untreue des anderen. Aber bei mir wurde ein ähnlicher emotionaler Prozess des Widerstands ausgelöst. Immer die gleichen Gedanken kreisten in meinem Kopf: *Ich will nicht, dass du dich änderst! Hör auf damit! Lass uns wieder so sein, wie wir waren!*

Natürlich finden bei Partnern im Laufe der Zeit die verschiedensten Veränderungen statt: »Du hattest so schöne Haare, als ich dich geheiratet habe.« – »Nun, du hattest Kleidergröße 36.« – »Dein Cholesterin war in Ordnung, als wir uns kennenlernten.« – »Tja, und du warst damals Atheist.« Ja, wir verändern uns alle dauernd, sowohl auf willkommene als auch auf unwillkommene Weise. Leider können wir uns die meisten Veränderungen weder aussuchen noch sie kontrollieren, vor allem nicht die von anderen. Und manchmal verändern sich entgegen unseren Erwartungen genau die Menschen nicht, deren Veränderung wir uns erhofft hatten.

Wie viele junge Erwachsene denken von ihrem Partner: *Oh, er wird sich ändern ... er wird weniger trinken, wenn wir erst einmal verheiratet sind* (tut er nicht)? Oder: *Sie wird sich ändern. In ein paar Jahren will sie sicher auch Kinder* (will sie nicht). Es ist die Ironie von Veränderungen, dass man sich nicht auf sie verlassen kann. Es wird immer Menschen geben, bei denen wir auf eine Veränderung hoffen, die jedoch nicht eintritt, und andere, die sich verändern, obwohl wir möchten, dass sie bleiben, wie sie sind.

SCHWESTER UND BRUDER

Judy suchte meinen Rat vor dem Begräbnis ihres Vaters. Ihren Bruder hatte sie nicht mehr gesehen, seit er vor ein paar Jahren nach Kalifornien gezogen war. Doch nun war der Vater gestorben, und die Familie versammelte sich in Boston, um Abschied zu nehmen.

Judy haderte mit ihrem Bruder. Er war nicht da gewesen, als ihr Vater am Ende seines Lebens betreut werden musste, und sie wollte erstens, dass ihr Bruder sich bei ihr dafür entschuldigte. Zweitens sollte er ihr für das danken, was sie getan hatte. Und drittens erwartete sie von ihm, dass er die Verantwortung für die Organisation der Trauerfeier übernahm.

Ich hörte mir Judys Sorgen an, ihre Gefühle, ihren lebenslangen Groll auf den lustigen, wilden Bruder, der sich davongemacht und sein eigenes Ding durchgezogen hatte, während sie, die pflichtbewusste Tochter, jahrelang für ihren Vater da gewesen war.

»Wenn John sich doch nur einmal anders verhalten könnte – nur dies eine Mal. Ich muss ihn dazu bringen!«, sagte Judy verzweifelt.

Judys Trauer wurde verstärkt durch ihren Wunsch, ihr Bruder möge ihre Erwartungen erfüllen, auch wenn ihre Hoffnungen im Widerspruch standen zu seinem üblichen Verhalten. Sie trauerte um ihren Vater und beklagte, dass ihr Bruder anders war, als sie ihn sich wünschte.

Judy versuchte, ihren Bruder zu verändern, um mit der Vergangenheit abschließen und Frieden finden zu können. Aber natürlich war das eine Übung in Vergeblichkeit. Sie konnte ihn nicht ändern, obwohl sie es jahrelang versucht hatte. Judy musste erkennen, dass es gerade ihr Widerstand gegen den Bruder war, der ihr Leiden verstärkte. Sie würde keinen Frieden finden, bevor sie ihn nicht so akzeptierte, wie er war, im gegenwärtigen Moment, mit all seinen Fehlern.

Ihr Widerstand gegen etwas, über das sie keine Macht besaß, war der Grund ihres Leidens. Aber das Gute an Akzeptanz ist, dass wir die Macht haben, diese zu erwerben. Wir selbst halten den Schlüssel dafür in der Hand. Während Judy dies nicht erkannte – noch nicht –, war sie sich ihres Schmerzes sehr bewusst.

ERSTE SCHRITTE

Zuerst erkannte ich Judys Widerstand einfach an und erklärte ihr das Konzept des Selbstmitgefühls. Es war neu für sie. Sie befürchtete, dass Selbstmitgefühl sie eher schwach als stark machen würde. Sie fühlte sich dafür sogar ein bisschen schuldig, so als würde sie es nicht verdienen. Ist das nicht merkwürdig, dass wir anderen gegenüber so leicht mitfühlend sind, aber Probleme haben, uns selbst Mitgefühl zu schenken?

Da Judy Widerstand gegen Selbstmitgefühl zeigte, begannen wir mit dem folgenden Selbstgespräch, basierend auf der AVS-Praxis (siehe Kapitel 2): **Anerkennen** – »Judy, ich sehe, das fällt dir schwer. Es fühlt sich irgendwie unangenehm an, und du kommst dir dumm vor.« **Verbinden** – »Viele Leute haben Probleme mit Selbstmitgefühl.« **Freundlich sprechen** – »Es kann schwierig sein, freundlich mit sich selbst zu sprechen, aber du brauchst schließlich ein bisschen Frieden. Und du *verdienst* Frieden. Alles ist gut.«

Auch wenn es sich seltsam anfühlte – Judy brauchte so dringend eine Entlastung von dem Widerstand, der sie quälte, dass sie sich darauf einließ, diese Übung zu machen. Als Nächstes erkannte sie ihren Schmerz in diesem Moment an, verband sich mit anderen, die einen ähnlichen Kampf führten, und sprach freundlich zu sich selbst. Bald sah ihr innerer Monolog so aus: Anerkennen – »Judy, ich sehe, dass du wirklich leidest. Du möchtest, dass John anders ist, als er ist, und das ist ungeheuer enttäuschend für dich.« Verbinden – »Du bis nicht die Erste, die von ihrem Bruder enttäuscht ist. Viele kennen das gleiche Gefühl.« Freundlich sprechen – »Schatz, atme ganz ruhig. Du wirst das in den Griff bekommen.«

Als Judy in der Woche nach dem Begräbnis zu mir kam, erzählte sie, dass das Wochenende sowohl ein Erfolg als auch ein Misserfolg gewesen war. Sie hatte es nicht geschafft, ihren Bruder vollständig zu akzeptieren. Immer wieder tappte sie in die alte Falle und wünschte sich, dass er anders wäre. Aber sie schaffte es, ihren Widerstand anzunehmen, indem sie ihr eigenes Leiden selbstmitfühlend akzeptierte. Sie war selbst überrascht, wie viel weniger gestresst sie sich fühlte, weil sie nun Selbstmitgefühl als einen persönlichen kreativen Prozess auffassen konnte.

Judy hatte ihre negativen Gefühle besänftigen können, indem sie freundlich zu sich selbst war. Jedes Mal, wenn der Groll gegenüber ihrem Bruder sie überflutete, richtete sie ihre Aufmerksamkeit von ihm weg und nahm mitfühlend ihr eigenes Erleben wahr. Sie schüttelte den Kopf, als sie sagte: »Es hätte viel schlimmer sein können. Ich habe oft die Augen verdreht, aber ich habe John nicht angeschrien und auch keine Entschuldigung verlangt.« Obwohl er nicht besonders nett zu ihr gewesen war, hatte sie sich selbst Mitgefühl und Freundlichkeit erwiesen. Judy gab John nicht mehr die Macht über ihre eigenen Gefühle. Stattdessen fühlte sie sich gestärkt durch ihre neu entwickelte Fähigkeit, sich selbst zu akzeptieren.

Vielleicht wird Judy irgendwann in der Lage sein, John so zu nehmen, wie er ist, ohne sich zu wünschen, er wäre anders (und bei sich denken, *das ist nun mal John, so wie er ist*). Aber schon jetzt war sie in der Lage, ihr eigenes Erleben anzunehmen, so wie es war. Und damit ist die Grundlage geschaffen für eine Veränderung. **Das eigene Erleben zu akzeptieren, öffnet das Tor, um andere zu akzeptieren.**

DAS GANZE PAKET ANNEHMEN

Als ich in einem Film einmal den Satz hörte »Ich mag dich weil, ... aber ich liebe dich, obwohl ...«, verstand ich ihn zuerst nicht, weil er irgendwie negativ klang, mehr wie: »Ich liebe dich, obwohl du dauernd die Toilettenbrille aufgeklappt lässt und immer zu spät kommst.« Ich fand das eher ein zweifelhaftes Kompliment.

Dann merkte ich jedoch, dass der Satz tatsächlich bedingungslose Liebe ausdrückt. »Ich liebe dich, obwohl ... ich liebe dich mit all deinen Vor- und Nachteilen ... ich liebe dich trotz deiner Fehler und deiner Schwächen.« Und haben wir nicht alle Schwächen? »Ich akzeptiere dich so, wie du bist.« Wir alle sehnen uns nach bedingungsloser Liebe; sie ist ein großes, wunderbares Geschenk.

Als meine Kinder klein waren, sagte ich ihnen, dass ich sie liebte und immer lieben würde, egal was sie täten – ich würde sie lieben, wenn sie schlechte Zensuren in der Schule hätten, wenn sie lügen würden, wenn sie weit fortzögen, wenn sie Berufe wählten, die mir nicht gefielen, wenn sie Ehepartner hätten, die ich nicht mochte. Ich würde sie lieben, wenn sie Drogenabhängige, Diebe oder Mörder wären. Und das meinte ich wirklich.

Natürlich wünschte ich, dass all dies nicht passieren würde, aber mein Wunsch, sie unter allen Umständen zu lieben, war ehrlich. Damals ahnte ich nicht, dass meine älteste Tochter Hilary mich durch ihr Verhalten eines Tages dazu bringen würde zu denken: *Ich liebe dich, auch wenn du sagst, du hasst mich, und mich nicht mehr zu lieben scheinst.* Doch genau das passierte.

*» Wir alle sehnen
uns nach bedingungs-
loser Liebe; sie ist ein
großes, wunderbares
Geschenk. «*

HARTE ZEITEN

Hilary war 14 Jahre alt, als ich mich von ihrem Vater scheiden ließ. Sie war am Boden zerstört. Sie war ein sensibles Kind, und für sie brach eine Welt zusammen. Ich fühlte mich schrecklich schuldig. Es brach mir das Herz, dass eine Entscheidung, die ich getroffen hatte, damit es mir besser ging, bei meiner Tochter das Gegenteil bewirkte.

Hilarys Schmerz verwandelte sich schnell in Wut. Ihr ganzer Zorn richtete sich gegen mich, ihre Mutter. Während der nächsten Monate und Jahre bekam ich von Hilary einen beißenden Hass zu spüren, der für uns beide extrem schmerzhaft war. Auch wenn man weiß, warum eine verletzte Person andere verletzt, auch wenn man ihre Gefühle versteht und ihr verzeiht, ist es trotzdem quälend, solcher Wut ausgesetzt zu sein.

Entweder schrie Hilary mich an oder sie ignorierte mich. Sie wurde Meisterin im Abblocken, verdrehte die Augen und kritisierte mich bei jeder Gelegenheit. Der schlimmste Moment für mich kam, als Hilary sich beim Schulsport am Kopf verletzt hatte und die Schulkrankenschwester mich anrief. Als ich eintraf, lag Hilary auf einer Liege und sagte laut zu der Krankenschwester: »Ich will *sie* hier nicht haben.«

Schließlich suchte ich professionelle Hilfe. Ich war den Tränen nahe, als ich erzählte, dass meine Tochter mich verachtete, dass wir uns früher, als sie noch klein war, sehr nahe gewesen waren, dass es keine Lösung zu geben schien.

Meine kluge Therapeutin schüttelte den Kopf und sagte: »Oh, meine Liebe, das muss wirklich sehr wehtun. Ist es nicht so, dass die, die wir lieben, uns am meisten verletzen?« In beruhigendem Ton fuhr sie fort: »Sie sind nicht die Einzige, die die Wut eines Teenagers zu spüren bekommt und darunter leidet. Akzeptieren Sie sie heute, das ist alles, was Sie tun können. Sie wissen nicht, wie sich die Dinge in Zukunft entwickeln. Sie werden klarkommen, es ist erst einmal nur für *heute*.«

Als ich mich mit dem Gefühl verabschiedete, angenommen und getröstet worden zu sein, fügte sie noch hinzu: »Und seien Sie nett zu sich selbst. Was Sie gerade durchmachen, ist nicht einfach.« Durch diese Beratung lernte ich etwas über mich selbst. Ich lernte, dass ich klein anfangen konnte, dass ich jemanden oder etwas immer nur einen Tag auf einmal akzeptieren musste. Und ich lernte, dass es in Ordnung war, wenn ich zuerst Mitgefühl mit mir selbst hatte. Mitgefühl für Hilary würde folgen.

Meine eigene AVS-Übung klang etwa so: »Ashley, das ist so schwer zu ertragen. Du hasst es, von diesem Kind zurückgewiesen zu werden, das du so liebst. Es bricht dir das Herz. Du bist nicht die erste Mutter, die von ihrem eigenen Kind gehasst wird. Du bist eine liebende Mutter, und du wirst damit zurechtkommen, Tag für Tag.« Nach vielen Jahren fanden wir glücklich wieder zueinander.

WER VERLETZT WIRD, VERLETZT ANDERE

Wenn Menschen in ihrer Wut feststecken und meinen, sich dauernd verteidigen zu müssen, fühlen sie sich meist verletzt oder haben Angst. Kennen wir das nicht alle, dass unser Schmerz sich in Wut verwandelt? Tara Brach, Autorin des Buches *Mit dem Herzen eines Buddha. Heilende Wege zu Selbstakzeptanz und Lebensfreude,* beschreibt eine solche Situation mit folgendem Bild: Sie begegnen im Wald einem Hund, der Sie laut anbellt und wütend knurrt. Aus Angst und verärgert über dieses aggressive Tier weichen Sie zurück. Aber dann sehen Sie, dass eine Pfote des Hundes in einer Falle eingeklemmt ist. Er ist in Panik, weil er Schmerzen hat und sich nicht helfen kann. Ihre Angst verwandelt sich in Mitgefühl und Sorge. Vielleicht können Sie dem armen Tier helfen, vielleicht auch nicht, aber Ihre Sicht auf den Hund hat sich verändert.

Ob Sie es sind, die in wütendem Widerstand feststeckt, oder ob es jemand anders ist, der seine Wut gegen Sie richtet – der gemeinsame Nenner ist Schmerz. Alle beide sehnen Sie sich nach Mitgefühl und verdienen es. Verletzte Menschen verletzen andere Menschen, das ist eine Tatsache. Weil wir menschliche Wesen sind, sind wir anfällig dafür, verletzt zu werden. So geht es uns allen.

LEHRER WIDER WILLEN

Jeder einzelne Mensch, dem man begegnet — egal wie alt, aus welchem Land, aus welcher Kultur — sehnt sich danach, geliebt zu werden. Und wenn man sieht, wie ein Mensch einen anderen verletzt, dann wird man mit der Zeit eine nachsichtigere Haltung einnehmen. Jeder sehnt sich nach Glück und ist Schmerz und Leid ausgesetzt. Darin sind wir alle vereint. Wir sind alle gleichzeitig Schüler und Lehrer füreinander.

Unsere Lehrer wider Willen sind die Menschen, die uns dazu bringen, etwas über uns selbst zu lernen. Ein nerviger Chef, ein gemeiner Ex-Ehepartner, der Autofahrer, der Sie gerade geschnitten hat, Ihre Kinder, die sich nicht so entwickeln, wie Sie es gern hätten, Ihre Eltern, die Ihnen nicht gegeben haben, was Sie brauchten, ein unehrlicher Geschäftspartner.

»Sei jedem dankbar« ist ein buddhistisches Mantra, ein Meditationssatz. Wenn eine Person Sie in Ihrem Leben herausfordert (entweder weil sie Sie nicht akzeptiert oder weil sie es Ihnen schwer macht, sie zu akzeptieren), dann ist die Herausforderung für Sie, innezuhalten und diese Person als einen Menschen mit Bedürfnissen, Wünschen und Fehlern wahrzunehmen. Da wir alle miteinander verbunden sind, wird Ihr Selbstmitgefühl sich schließlich auch auf diese Person ausdehnen.

Das kann anfangs schwierig sein. Wenn Sie es zu viel verlangt finden, Ihrem Gegner dankbar zu sein, dann wenden Sie sich wieder Ihrem Selbstmitgefühl zu und nehmen Sie Ihren Widerstand an. Sagen Sie sich, dass Sie nicht die Einzige sind, die sich mit Ärger, Frustration oder Scham abplagt. Sie sind völlig in Ordnung so, wie Sie sind. Bevor Sie jemand anders akzeptieren können, müssen Sie immer zuerst Ihre eigenen Gefühle dieser Person gegenüber akzeptieren. **Selbstmitgefühl führt zu Selbstakzeptanz. Selbstakzeptanz führt dazu, andere zu akzeptieren.**

MITGEFÜHL VON ANDEREN IMAGINIEREN

Wie sieht es praktisch aus, andere zu akzeptieren? Schauen wir uns die Geschichte von Samantha und Greg an, die mitten in der Scheidung steckten. Samantha kam zu mir, weil sie ihren Hass auf Greg nicht mehr ertragen konnte. Sie hasste Greg, weil er sie betrogen und verlassen hatte. Greg schien Samantha auch zu hassen, denn er behandelte sie grausam und feindselig. Er wusste genau, wie er sie auf die Palme bringen konnte.

Mir war klar, dass ich Samantha nicht sagen konnte, dass sie Greg dankbar sein solle. Aber ich wusste, dass sie nur Frieden finden konnte, wenn sie es schaffen würde, Greg so zu akzeptieren, wie er war.

In unseren ersten Sitzungen war Samantha so wütend über Gregs Forderungen und seine gehässigen E-Mails und Textnachrichten (die sie immer noch gehässiger beantwortete), dass es ihr schwerfiel, sich nicht mehr auf Greg zu konzentrieren und stattdessen ihren eigenen Schmerz wahrzunehmen. Selbstmitgefühl war in dieser ersten Phase für Samantha eine zu große Herausforderung, also begann sie mit der Vorstellung, Mitgefühl von ihrem Großvater zu bekommen. Er hatte sie großgezogen und war der Fels in ihrem Leben gewesen. Samantha konnte ihn vor sich sehen, wie er neben ihr saß, Kaffee trank und sagte: »Komm, Schatz, trink eine Tasse Kakao mit mir. Bleib einfach hier, bis du dich wieder besser fühlst.« Die Vorstellung, von ihm angenommen zu werden, eine Verbindung zu ihm zu haben, ermöglichte es Samantha, ihre eigenen Gefühle zu akzeptieren. So hatte das imaginierte Mitgefühl ihres Großvaters zur Folge, dass sie Mitgefühl mit sich selbst haben konnte.

Wenn in der folgenden Zeit Wut auf Greg in ihr aufstieg, stellte sie sich wieder ihren Großvater vor und ihr eigenes weiseres, mitfühlendes Selbst. Daraufhin entspannte sie sich, atmete tiefer und lächelte. Schließlich war sie in der Lage, eine E-Mail oder Textnachricht von Greg zu lesen und einfach zu denken: »Das ist Greg, so wie er ist.« Sie wünschte sich nicht mehr, dass er sich anders verhalten sollte, und war so in der Lage, sich wieder auf ihre eigene Reaktion zu konzentrieren.

Mit der Zeit begann Samantha sogar, Mitgefühl mit Greg zu haben, weil sie verstand, dass er leiden musste, wenn er so viel Wut in sich trug. Die Hinwendung zu einer akzeptierenden Haltung (sowohl auf sich selbst als auch auf Greg bezogen) bot ihr einen Weg zu innerem Frieden. Mit ihrer wachsenden Fähigkeit zur Akzeptanz war sie irgendwann sogar in der Lage, Greg innerlich dafür zu danken, dass sie durch ihn nicht nur gelernt hatte, Mitgefühl mit sich selbst zu empfinden, sondern dass sie auch Stärke, Geduld und Resilienz gewonnen hatte.

* Andere zu akzeptieren heißt *nicht,* ihr Verhalten zu billigen.

* Andere zu akzeptieren *heißt,* ihr Menschsein anzuerkennen.

ANDEREN GUTES WÜNSCHEN

Als ich vor mehr als zehn Jahren meine eigene Scheidung verkraften musste, ging ich in ein buddhistisches Zentrum, um mich intensiver mit Meditation zu beschäftigen. Dort lernte ich *metta bhavana* kennen, die Meditation der liebenden Güte, bei der man nicht nur sich selbst, sondern allen Wesen auf der Erde Mitgefühl entgegenbringt. In den fünf aufeinander aufbauenden Stufen dieser Übung lernte ich, folgenden Adressaten liebende Güte und gute Wünsche entgegenzubringen:

1 Mir selbst (wie in Kapitel 3 beschrieben)

2 Einer geliebten Person (das ist leicht)

3 Einem Fremden — jemand, dem man zufällig begegnet, zum Beispiel einer Kassiererin im Supermarkt (ziemlich leicht)

4 Jemandem, mit dem man Probleme hat (manchmal extrem schwer)

5 Allen Lebewesen (vom Wohnort ausgehend, weiter über das Land, in dem man lebt, bis zur ganzen Erde)

Auf jeder Stufe sollte ich dazu sagen: »Mögest du glücklich sein, mögest du gesund sein, mögest du frei von Leiden sein, mögest du in Frieden leben.«

Das ging gut bis zu Stufe 4. *Um wen ging es in dieser Stufe nochmal? Jemandem liebevolle Güte entgegenbringen, mit dem ich gerade Probleme hatte?* Die naheliegende Wahl war zu der Zeit mein Ex-Ehemann, und ich empfand keine Liebe für ihn.

Aber der klügere Teil von mir wusste, dass das Festhalten an Groll und Feindseligkeit ist, als würde man Gift schlucken und hoffen, dass die andere Person daran stirbt. Oder als würde man eine heiße Kohle festhalten, bereit, sie auf den anderen zu werfen, und derweil verbrennt diese die ganze Zeit die eigene Hand.

Anfangs musste ich einfach so tun, als würde ich meinem Ex-Ehemann liebevolle Güte entgegenbringen. Sogar es sich nur vorzustellen, fühlte sich zunächst unangenehm und gezwungen an. Ich fügte für mich noch die AVS-Übung hinzu. Mein innerer Dialog sah etwa so aus: **Anerkennen** – »Ashley, es fühlt sich merkwürdig an, ihm jetzt gute Wünsche zu senden, wo die Situation zwischen uns gerade so angespannt ist.« **Verbinden** – »Du weißt, dass viele Menschen schwierige Beziehungen zu ihren Ex-Partnern haben.« **Freundlich sprechen** – »Du kannst es doch versuchen. Er ist ein Mensch wie du auch, und er möchte glücklich sein. Mach es einfach, du kannst es.« Dann schloss ich die Meditation der liebevollen Güte an: »Mögest du glücklich sein, mögest du gesund sein, mögest du frei von Leiden sein, mögest du in Frieden leben.«

Ich machte beide Übungen weiter, und nach und nach empfand ich tatsächlich Mitgefühl für ihn – und ich fühlte mich selbst zunehmend freier.

DER NÄCHSTE SCHRITT

Einen sogenannten »Feind« zu akzeptieren, kann eine Herausforderung sein, aber wie wäre es, dieser Person eine fürchterliche Tat zu *vergeben?* Das stellt eine völlig andere Aufgabe dar. Vergeben hebt die Akzeptanz auf eine neue Stufe.

Ein Beispiel für fast unmöglich erscheinendes Vergeben ist die bekannte Geschichte von Mary Johnson, der Begründerin der Organisation »Death to Life«, die zur Vergebung zwischen Familien von Opfern und deren Mördern ermutigen möchte. Marys einziges Kind, der 20 Jahre alte Laramiun, wurde 1993 von dem 16-jährigen Oshea ermordet. Oshea verbrachte 17 Jahre im Gefängnis, und anfangs hasste Mary ihn. Sie war voller Wut und Bitterkeit. Eines Tages las sie ein Gedicht über eine um ein Mordopfer trauernde Mutter und die Mutter des Mörders, und sie erkannte, dass beide Mütter litten. Ihr wurde klar, dass ihre eigene Heilung davon abhing, dass sie Oshea vergab. Beim Vergeben ging es nicht um Zustimmung — sie würde immer ihren Sohn zurückhaben wollen —, aber um ihre Heilung und ihr Freisein von Hass.

Mary besuchte Oshea im Gefängnis und sah ihn einfach nur als einen Menschen, der einen fürchterlichen Fehler begangen hatte. Als sie ihn umarmte — so berichtete sie —, floss die Wut von ihren Fußsohlen ab und verließ sie, und seitdem war sie frei von Hass. Später wurden die beiden Nachbarn und Freunde, und heute arbeiten sie zusammen, um die Botschaft von Akzeptanz, Vergebung und Versöhnung zu verbreiten.

Natürlich ist es eine extrem schwere Aufgabe, dem Mörder seines Kindes zu vergeben. Nicht jedem wird das möglich sein. Aber die tiefere Lehre ist hier vielleicht, dass Sie und andere — Sie und ich — in unserer geteilten gemeinsamen Menschlichkeit eins sind.

Wenn man sich selbst akzeptiert, lernt man, andere zu akzeptieren. Und wenn man andere akzeptiert, lernt man, sich selbst zu akzeptieren. Marianne Williamson gebraucht in ihrem Buch *Rückkehr zur Liebe* das Bild, dass wir alle Speichen eines Rades sind. Betrachtet man den Rand des Rades, scheinen wir weit voneinander entfernt und sehr verschieden zu sein. Schaut man aber auf die Radnabe, sieht man, dass wir alle gleich sind – wir alle stammen aus derselben Quelle.

Jeder Mensch, dem wir begegnen, wird in diese Welt hineingeboren und muss in dieser Welt sterben. Jeder möchte glücklich sein und in Frieden und ohne Schmerz und Leid leben. Wenn Sie andere als Erweiterung Ihrer selbst betrachten, als Menschen, die das Beste tun, das ihnen möglich ist, genau wie Sie, dann beginnt sich Ihr Selbstmitgefühl zu Mitgefühl für alle Lebewesen auszuweiten.

>> *Vergebung bedeutet, Akzeptanz auf eine neue Stufe zu heben.* <<

POWER-WERKZEUGE

HAUPTWERKZEUG: DAS HALBVOLLE GLAS

Es kann eine Herausforderung darstellen, wenn man eine Person sehr liebt, aber bestimmte Aspekte an ihr gar nicht mag. Dabei kann es sich um Nebensächlichkeiten handeln, wie einen Haarschnitt, den Kleidungsstil oder die Art von Humor. Aber es können auch grundlegendere Aspekte sein, die einem Sorgen bereiten oder moralisch fragwürdig erscheinen: Das mag die politische Einstellung sein, religiöse Überzeugungen, die Haltung zur Gesundheit, das Körpergewicht, der Beruf, der Wohnort, die sexuelle Orientierung, die Partnerwahl. Manchmal kann ein einziges Merkmal einer geliebten Person einen ständigen Störfaktor in der Beziehung darstellen.

Der von Ihnen geliebte Mensch hat in dieser Welt seinen eigenen Weg, so wie Sie den Ihren haben. Und trotz aller Unterschiede lieben Sie diese Person immer noch und möchten, dass sie zu Ihrem Leben gehört. Bei dieser Übung geht es darum, dass Sie Ihren Freund in einem größeren Kontext sehen. Anstatt sich auf das zu konzentrieren, was Sie nicht mögen, stellen Sie das in den Mittelpunkt, was Sie an dieser Person lieben. Bei der Konzentration auf ihre positiven Eigenschaften finden Sie einen Weg, sie so zu akzeptieren, wie sie ist. Wenn Sie also das nächste Mal eines dieser irritierenden Merkmale wahrnehmen (die Sie absolut nicht verändern oder beeinflussen können), versuchen Sie, das Glas halbvoll zu sehen.

1 Beginnen Sie mit Selbstmitgefühl. Nehmen Sie wahr, dass es schwer für Sie ist, jemanden zu lieben, von dem Sie wünschen, dass Sie ihn verändern, ihm helfen, ihn verbessern könnten. Sie fühlen sich hilflos, aber Sie sind offen für eine Übung, die Ihnen hilft, sich besser zu fühlen. Also ...

2 Benennen Sie drei Charakterzüge, die Sie an dieser Person wirklich lieben.

3 Benennen Sie noch zwei Verhaltensweisen, die Sie an ihr anrührend finden.

4 Nun blasen Sie in die Luft und sagen Sie: »Ich entlasse dich auf deinen eigenen Weg. Ich wünsche dir Frieden und Freude, Gesundheit und Glück. Mögest du deinen Weg mit Leichtigkeit gehen und mögest du dich immer geliebt fühlen.«

BONUS-WERKZEUG: HO'OPONOPONO

Sprechen Sie die folgenden Sätze, während Sie sich die Person vorstellen, mit der Sie Probleme haben. Ho'oponopono ist ein altes Ritual zur Versöhnung und Vergebung aus Hawaii. Sagen Sie die Sätze laut oder still im Kopf. Auch wenn Sie sich mit den Worten nicht verbunden fühlen, sagen Sie sie trotzdem mit Demut. Sie stimulieren Reue, Vergebung, Dankbarkeit und Liebe – vier extrem mächtige Mittel zur Veränderung:

»Es tut mir leid.«

»Bitte verzeih mir.«

»Danke.«

»Ich liebe dich.«

Diese Worte jeden Tag wie ein Mantra zu sprechen, öffnet Ihr Herz und führt zu emotionaler Heilung. Sie setzen damit eine energetische Kurskorrektur in Gang, um Ihre Beziehung zum Leben neu zu gestalten.

BONUS-WERKZEUG: SCHREIBÜBUNG

Schreiben Sie auf, was Ihnen zu diesen Stichworten einfällt:

* »Wenn ich in meinem eigenen Widerstand feststecke, fühle ich mich ...«

* »Wenn ich möchte, dass diese Person anders ist, als sie ist, fühle ich mich ... «

* »Wenn ich diese Person so akzeptiere, wie sie ist, fühle ich mich ...«

* »Andere leiden, und ich weiß, wie sich das anfühlt. Deshalb ...«

* »Was habe ich in letzter Zeit für diese Person getan?«

* »Welchen Kummer habe ich dieser Person in letzter Zeit zugefügt?«

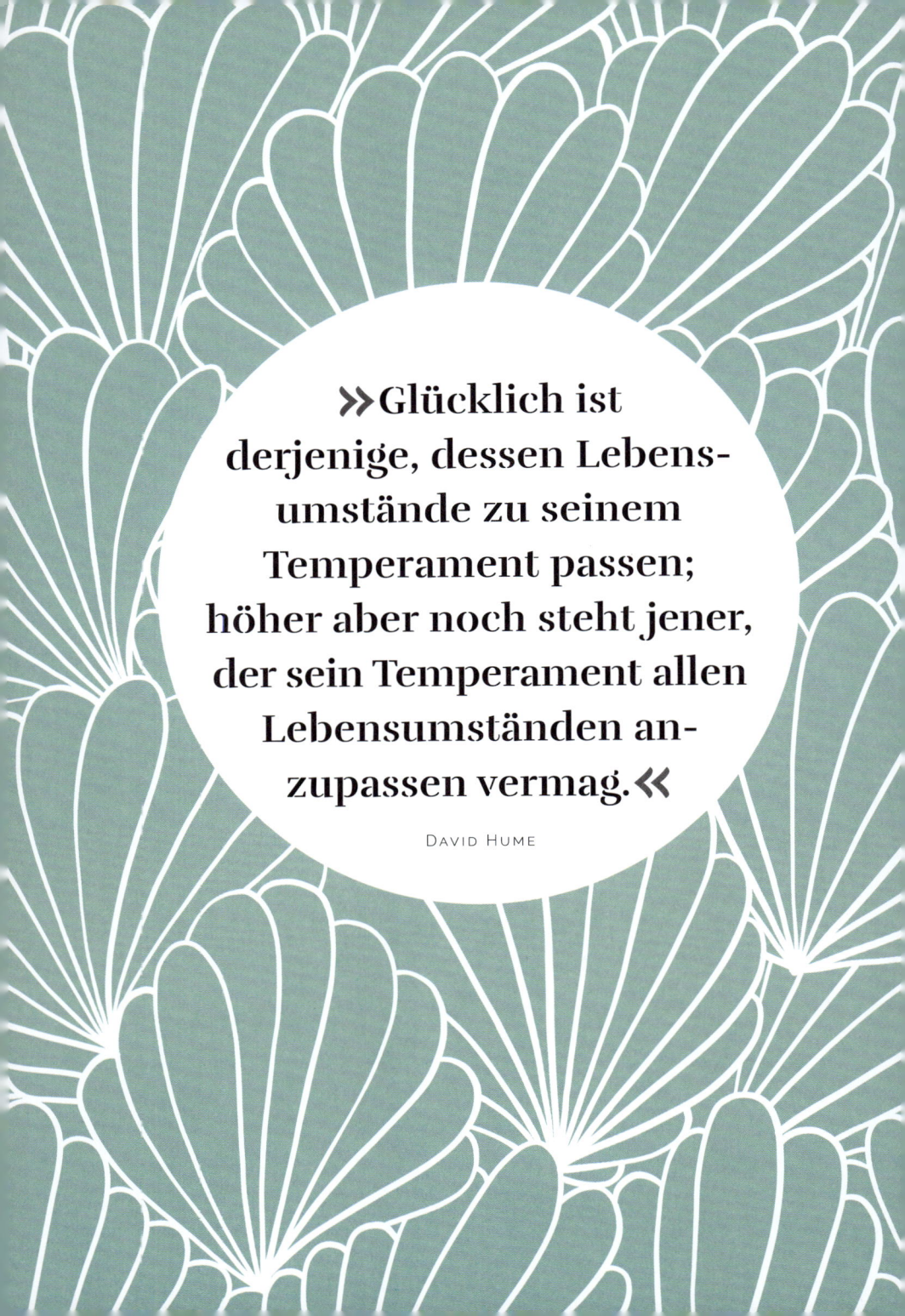

»Glücklich ist derjenige, dessen Lebensumstände zu seinem Temperament passen; höher aber noch steht jener, der sein Temperament allen Lebensumständen anzupassen vermag.«

David Hume

5

DIE EIGENE SITUATION AKZEPTIEREN

Es gibt Umstände, die man verändern kann, und solche, die man nicht verändern kann. So oder so, Akzeptanz ist immer die Ausgangsbasis.

In einer ihrer *Super-Soul-Sunday*-Talkshows interviewte Oprah Winfrey Eckhart Tolle, den Autor des Buches *Jetzt! Die Kraft der Gegenwart*. Tolle sprach über Akzeptanz und erläuterte, dass Stress dadurch entsteht, dass man etwas anders haben möchte, als es ist. Er riet, immer zuerst den gegenwärtigen Moment genau so zu akzeptieren, wie er ist. Erst dann können wir entscheiden, ob unsere Umstände verändert werden können oder nicht. Zum Beispiel stelle man sich vor, man stecke im Schlamm fest. Darüber kann man wütend sein und sich beklagen oder weinen. Tatsächlich macht man dadurch die Situation nur noch schlimmer. Tolle empfahl, jede Situation zunächst ohne Wertung zu betrachten. Wenn man anerkennt, was ist, kann man mit klarem Bewusstsein entscheiden, was als Nächstes zu tun ist.

Mit anderen Worten: Der Widerstand selbst verursacht alle möglichen Probleme.

Widerstand führt dazu, dass man festhängt. Sehr fest.

* Eine Situation zu akzeptieren,
heißt *nicht,* dass man mag,
was passiert.

* Eine Situation zu akzeptieren,
heißt, mit dem zu arbeiten,
was man hat.

UMSTÄNDE, AUF DIE MAN KEINEN EINFLUSS HAT

Natürlich wird man viele Umstände, nachdem man sie akzeptiert hat, zu verändern versuchen. Beispiele positiver Veränderungen sind das Beenden einer Beziehung, die uns nicht guttut, jemandem zu essen geben, der Hunger leidet, das Rauchen aufgeben oder das kaputte Auto reparieren.

Umstände, die wir nicht beeinflussen können, sind die unerträglichsten, denn sie erzeugen ein Gefühl von Hilflosigkeit und Frustration. Das reicht von profanen Kleinigkeiten bis zu tragischen Ereignissen:

Steigt Ihr Blutdruck, wenn Sie die Liste auf der rechten Seite lesen? Sicher können Sie einige eigene Beispiele von ärgerlichen – und nicht zu beeinflussenden – Umständen hinzufügen. Sie gehören einfach zum Leben. Aber es kommt darauf an, wie man mit ihnen umgeht. Stellen Sie sich folgende Frage: »Wie will ich mit Umständen umgehen, die ich nicht beeinflussen kann? Will ich Widerstand leisten und leiden oder durch Akzeptanz Frieden finden?« Sie selbst halten den Schlüssel in der Hand.

Auch wenn wir die Umstände nicht ändern können, können wir doch unsere Haltung ihnen gegenüber, unsere Perspektive darauf, unser Verhältnis dazu ändern. Akzeptanz macht den Unterschied.

136

Ihr Flug ist verspätet • Ihr Kind ist krank • Ihnen ist ein Zahn abgebrochen • Der Chef oder Kollege nervt • Sie stehen im Stau • Ihr Ehepartner will sich scheiden lassen und Sie sind schockiert • Sie entdecken, dass Ihr Partner Sie betrogen hat • Ihnen wird gekündigt • Bei Ihnen wir eine schwere Krankheit diagnostiziert • Sie müssen sich einer Notoperation unterziehen • Eine unerwartete Rechnung liegt im Briefkasten • Ihr Computer geht kaputt • Ihre Sehkraft lässt nach • Ihre neue Liebe verlässt Sie • Sie haben sich das Handgelenk gebrochen • Sie sind auf Blitzeis ausgerutscht • Ein Auto hat Sie angefahren • Ihr Hund ist weggelaufen • In Ihrem Haus gibt es einen Stromausfall • Ihr Zug fällt aus • Die Katze erbricht sich auf den Teppich • Die Deadline für Ihr Projekt wird vorgezogen • Ihr Haus wird überflutet

MINIMALER WIDERSTAND

In ihrem wegweisenden Buch *Lieben was ist* beschreibt Byron Katie, wie es ihr gelang, ihren Widerstand bis zu einem Punkt abzulegen, an dem sie alle Ereignisse annimmt, wie sie kommen, und das in jedem Moment. Byron nennt sich selbst eine, die die Realität liebt. Sie lehrt, dass es die Gedanken über die Ereignisse sind, die uns leiden lassen, nicht die Ereignisse selbst. Mit einer Veränderung der eigenen Gedanken verändert man auch sein Verhältnis zu den Ereignissen.

Auf einem Workshop hörte ich einmal Katie Byron über ihre zenähnliche Einstellung zur Realität sprechen. Sie vertrat die Ansicht, dass es möglich ist, Neuigkeiten jedweder Art zu begrüßen. Ob es die bevorstehende Geburt eines Enkelkindes oder eine Krebsdiagnose ist – eigentlich alles nur Nachrichten. Man muss ihnen keinen Widerstand entgegensetzen. Natürlich sind viele von uns bei manchen Neuigkeiten nicht erfreut oder reagieren stark darauf. Byron Katie lehrt uns nicht, dass wir nicht reagieren sollen, sondern dass wir fähig sind, alle Nachrichten zu akzeptieren.

Um das große Ziel zu erreichen, alle Umstände so zu akzeptieren, wie sie sich präsentieren, müssen wir zuerst unseren Widerstand dagegen wahrnehmen. Wir müssen zugeben, dass wir nicht in dieser Situation sein möchten. **Nehmen Sie Ihre Gefühle und Gedanken des Widerstands so an, wie sie sind, dann wird sich Heilung einstellen.**

TRAUERARBEIT

In unserer Kultur wird der Ausdruck von Schmerz nicht gern gesehen. In den drei Jahrzehnten meiner beruflichen Tätigkeit hat sich daran nicht viel geändert. Wir halten es für Stärke, wenn sich jemand seine Gefühle nicht anmerken lässt, und spenden Beifall, wenn sich jemand an den eigenen Haaren wieder aus dem Sumpf zieht. Wenn Menschen vor innerem Schmerz zusammenbrechen, wollen wir ihnen den Schmerz ausreden. Wir versuchen es mit Plattitüden und Ablenkungen und tun alles, damit sie den Schmerz nicht aushalten müssen.

Aber wenn ein Mensch in seinem Leben leidet, verschlimmert es sein Leiden nur, wenn man das nicht anerkennt (oder sogar leugnet). Wie können wir einem Menschen in dieser Situation helfen? Die einfachste, wirkungsvollste Reaktion ist, das Leiden mitfühlend anzuerkennen. Das beseitigt den Schmerz nicht, aber es mindert seine Stärke, weil der Leidende sich damit nicht mehr allein fühlt. Er fühlt sich angenommen.

Diese liebevolle Anteilnahme ist genau das, was Sie sich selbst mit Selbstmitgefühl geben. Nehmen wir einmal an, Sie fühlen einen Widerstand gegen etwas Trauriges, wie zum Beispiel den Tod eines Elternteils. Sie sind todunglücklich. Selbstmitgefühl, das sie sich mit der AVS-Praxis spenden (siehe Kapitel 2), hilft Ihnen, sich angenommen und mit anderen verbunden zu fühlen, die Ähnliches erlebt haben. Sie lassen sich auf Ihr Gefühl des Leidens ein, und das ist die Voraussetzung für eine Heilung. Das Akzeptieren der Gefühle führt zum Akzeptieren der Umstände. Sehen wir uns diesen Prozess genauer an.

RITUALE KÖNNEN HELFEN

Jim und Veronica hatten sich nichts mehr gewünscht als ein eigenes Baby. Veronica hatte sogar schon als Jugendliche davon geträumt, später einmal eine große Familie zu haben. Als sie im Teenageralter auf andere Kinder aufpasste, dachte sie oft bei sich: *Eines Tages werde ich auch so ein kleines Mädchen haben und Mutter sein.* Der Wunsch nach eigenen Kindern bestand fort, als sie älter wurde.

Veronica kam im Alter von 41 Jahren zu mir, nachdem sie und ihr Ehemann schon länger als zehn Jahre vergeblich versucht hatten, ein Baby zu bekommen. Ein Kind zu adoptieren, kam für Veronica nicht infrage, denn ihr größter Wunsch war nun einmal, selbst ein Kind zu gebären, das sie vorher in ihrem Körper wachsen gefühlt hatte. Sie wollte nicht irgendein Baby — sie wollte ihr Baby. Aber jetzt musste sie sich von diesem Traum verabschieden.

Jim und Veronica waren medizinisch gesehen ein Rätsel, denn es gab keine Erklärung für ihre Unfruchtbarkeit. Und trotzdem war etwas nicht in Ordnung. Als ich Veronica kennenlernte, machte sie ihren Körper verantwortlich. Sie machte ihren Ehemann verantwortlich. Sie machte das Universum verantwortlich. Sie war verbittert und steckte in ihrem Widerstand fest, aber sie war ihren Kummer leid. Sie wollte andere Kinder anschauen können, ohne neidisch zu werden. Sie wollte nicht mehr böse auf ihren Ehemann sein. Sie wollte Frieden finden und ihr Leben genießen.

Wir begannen damit, an ihrem Widerstand zu arbeiten, ihrem Leiden, ihren Wutgefühlen. Und wir fügten sehr viel Selbstmitgefühl hinzu. Für Veronica war es schwierig, sich selbst liebevolle Zuwendung zu spenden, aber wir fanden etwas, das sich als hilfreich erwies: Für Veronica war die Muttergottes ein Symbol für Liebe und Zärtlichkeit. Veronica identifizierte sich mit Maria als Mutter in Trauer, als einer Frau, die Schmerz und Kummer verstand. Veronica stellte sich vor, wie sie vor der Jungfrau Maria kniete, die ihr Worte der Anteilnahme und Freundlichkeit schenkte. Das erhaltene Mitgefühl stellte sich Veronica als Licht vor, das über ihrem Kopf leuchtete.

Dieses Bild von Maria, die ihr Leiden verstand und sich mit ihrem Schmerz identifizierte, berührte Veronica, und Mitgefühl zu empfangen, löste bei Veronica auch Mitgefühl für Maria aus. Sie stellte sich einen Kreis von Mitgefühl vor, in dessen Mitte sie schließlich zur Ruhe kommen konnte.

Selbstakzeptanz öffnete Veronica für eine Veränderung. Sie bekämpfte ihren Widerstand gegen ihre Situation nicht mehr, sondern nahm ihn an. Aber diese Annahme war schmerzhaft. Veronica musste den Verlust ihrer Zukunftspläne und ihrer Hoffnung betrauern. Es folgten viele tränenreiche Sitzungen, in denen sie es zuließ, ihren Kummer zu spüren.

Veronica dachte sich zwei Rituale aus, die ihr halfen, über ihren Schmerz hinwegzukommen. Ziel des ersten Rituals war, sich von dem Wunsch nach einem eigenen Kind zu lösen. Dazu ließ sie einen Kranz aus Gänseblümchen in einen nahen See gleiten und ihn dann davontreiben. Das zweite Ritual sollte symbolisieren, dass sie und Jim eine vollständige Familie waren, auch wenn diese nur aus zwei Personen bestand. Veronica wählte zwei Steine aus einem Bach, die sie in ihren Garten legte. Als Veronica auf dem Weg zur Akzeptanz schon ein Stück vorangekommen war, öffnete sie sich für neue Möglichkeiten. »Und jetzt?«, fragte ich. »Was könnten Sie mit Ihrer ungenutzten mütterlichen Energie noch anfangen?«

Veronica war entschlossen, ihrem Verlust eine Bedeutung zu geben, indem sie auf andere Art aktiv wurde. Sie erwog ein paar Möglichkeiten, darunter eine Bewerbung als Pflegemutter, das Unterrichten in einer nahegelegenen Schule oder auch den Ausbau ihrer eigenen Hobbys. Am Ende entschied sie sich für eine ehrenamtliche Tätigkeit im Tierheim ihres Ortes. Sie fühlte sich berufen, ihre fürsorgliche Energie zu nutzen, um Tieren in Not zu helfen. Sie adoptierte auch zwei Katzen und gab ihnen ein liebevolles Zuhause. Veronica und Jim konnten ihr gemeinsames Leben fortsetzen und Tag für Tag ihre neue Geschichte weiterschreiben.

Veronicas AVS-Übungen unterschieden sich immer wieder, mal redete sie mit sich selbst freundlich und besänftigend, mal gab sie sich Anweisungen. Sie verhielt sich kreativ. Manchmal musste sie ihre Traurigkeit zulassen, manchmal gab sie sich die Erlaubnis, nun weiterzugehen. Selbstmitgefühl ermöglicht uns, in uns selbst hineinzuhorchen und zu erkennen, was wir in einem Moment brauchen. Brauchen Sie die sprichwörtliche Tasse Tee oder einen kleinen Stups? Sie selbst entscheiden.

LICHT IM DUNKEL

Ob man nun mit alltäglichen oder tragischen Situationen zu kämpfen hat, der Prozess der Akzeptanz (vom Widerstand über die Annahme zu neuen Möglichkeiten — siehe Kapitel 1) sieht gleich aus. Er gilt für kleinere Ärgernisse und großen Kummer gleichermaßen. Aber auch kleinere Unannehmlichkeiten können quälend sein.

Arlene kam zu mir, weil sie unter Winterdepression litt. Ihre Stimmung sank, wenn im Herbst die Uhren umgestellt wurden, und Arlene glitt in eine Art «Winterstarre«, die bis Mai anhielt.

In unserer Arbeit spielte Arlenes Selbstmitgefühl für ihren Zustand eine große Rolle. Gleichzeitig half es ihr, mit ihrer Realität klarzukommen. Sie entwickelte einen inneren Monolog der Selbstmotivation: »Ach komm, Arlene, etwas frische Luft wird dir gut tun. Ist nicht schlimm, wenn es draußen kalt ist. Zieh noch einen Pullover über und beweg dich ein bisschen!«

Selbstmitgefühl ist der Schlüssel, um seinen Widerstand bewusst wahrzunehmen, und es hilft auch, sich mit den Umständen abzufinden. Arlenes innerer Monolog steigerte ihr Selbstvertrauen, sie fühlte sich unterstützt und ermutigt.

IN GUTEN WIE IN SCHLECHTEN ZEITEN

Schlechtes Wetter mag uns deprimieren, aber was ist das schon im Vergleich zu einer schweren Krankheit? Doch zur Akzeptanz führt derselbe Weg. 2012 erfuhren wir, dass mein Ehemann Daniel an Darmkrebs erkrankt war. Als ich das hörte, brach ich in Tränen aus. Ich widersetzte mich dieser Nachricht mit aller Macht — *Das kann nicht sein. NEIN! Wir wollen das nicht. Das geht nicht. So etwas darf uns nicht passieren.*

Und mein Widerstand hörte nicht auf. Ich erstarrte in Widerstand, als Daniel ein Katheter in die Brust eingesetzt wurde, als der Pflegedienst kam, als Daniel Gewicht verlor. Und als Daniel in die Phase eintrat, die ich »das Tal« nannte — eine zweiwöchige, so schwere Krankheitsperiode, dass er tagelang bewegungs- und reaktionsunfähig war.

Wenn ich sage, ich widersetzte mich der Situation, meine ich, dass ich weiter unter meinem Widerstand litt. Ich hasse das. Ich hasse das für Daniel, und ich hasse es für mich. Ich hasse Krebs. Ich möchte das nicht in unserem Leben haben. Ich war im Kampfmodus, kämpfte innerlich dagegen, rang damit. Mein Widerstand wirkte sich auf meinen Schlaf aus, auf meine psychische Gesundheit und meine Beziehungen.

> **»Selbstmitgefühl führte mich durch den Prozess der Akzeptanz. «**

Und wie ging Daniel, der Kranke selbst, damit um? Wie ein Zen-Mönch. Er sah sich nicht als Opfer, fragte nicht: *Warum gerade ich?* Er nahm jeden Moment hin, wie er kam. Er sah den Krebs nicht als Feind, der besiegt werden musste. Er wollte wieder gesund werden und wollte leben, das auf jeden Fall. Aber er zeigte friedvolle, gewaltfreie Opposition. Er verhielt sich gegen seinen Krebs wie Gandhi. Er ließ sich mit moderner westlicher Schulmedizin behandeln und unterwarf sich der Therapie. Er nahm einen Tag nach dem anderen mit einer Ruhe an, um die ich ihn beneidete. Sogar all die Jahre später, frei von Krebs, schaut Daniel auf diese Zeit als eine Phase der bewussten Unterwerfung und Gelassenheit zurück.

Ich dagegen musste hart darum kämpfen, seine Krankheit annehmen zu können, jeden Tag von Neuem. Ich machte mir das Selbstmitgefühl zum Freund, der mir in meinem Kampf immer wieder zur Seite stand: **Anerkennen** – »Ashley, dein Widerstand macht es nur noch schlimmer.« **Verbinden** – »Ashley, du bist nicht allein. Krebs betrifft Millionen Menschen und ihre Lieben jedes Jahr.« **Freundlich sprechen** – »So ist es heute, und heute wird es dir besser gehen, wenn du es hinnimmst und nicht dagegen ankämpfst. Versuch es, du schaffst das.«

Selbstmitgefühl führte mich durch den Prozess der Akzeptanz. Als ich die Situation annehmen konnte, war es mir wieder möglich, in der Gegenwart zu sein, mit mir und mit Daniel, anstatt in meiner inneren Qual des Widerstands stecken zu bleiben.

AN HERAUSFORDERUNGEN WACHSEN

Meine Tante sagte immer: »Was dich nicht umbringt, macht dich stärker.«
Mich erinnert dieser Spruch an das überraschende Ergebnis des Experiments Biosphäre 2, das 1990 in der Wüste von Arizona (USA), stattfand.
Zu Forschungszwecken wurde dort ein geschlossenes Ökosystem eingerichtet, eine Miniaturversion unseres Planeten.

Zum Erstaunen der Wissenschaftler stellte sich unter anderem heraus,
dass die Bäume in der künstlichen Biosphäre morsch wurden, bevor sie
ausgewachsen waren. Dann stellte man fest, dass das Holz dieser Bäume
weich war und ihre Wurzeln weniger tief in den Boden reichten als bei
Bäumen außerhalb. Offenbar brauchen Bäume zum Gedeihen einen
starken Stamm und tiefe Wurzeln.

Schließlich wurde die mangelnde Gesundheit der Bäume mit einem
Naturelement in Zusammenhang gebracht, das in der Biosphäre 2 fehlte:
Wind. Offenbar ist der Stress durch den Wind für das gesunde Wachstum
eines Baumes notwendig – der dem Wind entgegengebrachte Widerstand
macht den Baum stärker.

Wie der Baum den Stress aus der Umwelt für ein gesundes Wachstum
braucht, so verhält es sich vielleicht auch mit uns Menschen. Wenn Sie
sich Ihrer nächsten unwillkommenen Herausforderung gegenübersehen,
betrachten Sie sie als den Wind, den Sie brauchen, um Stabilität und
Widerstandsfähigkeit zu entwickeln. Vielleicht fällt es Ihnen dann leichter,
schwierige Situationen anzunehmen.

>> *Der Stress durch Wind ist für das gesunde Wachstum eines Baumes notwendig – der dem Wind entgegengebrachte Widerstand macht den Baum stärker.* <<

147

FLUCH ODER SEGEN?

Manchmal ist es schwer zu beurteilen, ob eine Situation eine Herausforderung oder letzten Endes doch ein Segen ist. Daran versuche ich zu denken, wenn ich die Nachrichten höre, oft eine Aneinanderreihung von Tragödien. Ich rufe mir dann in Erinnerung, dass es in einer Welt voller Horrornachrichten immer auch Momente des Positiven und Schönen gibt.

Oft verläuft zwischen Glück und Pech nur eine feine Trennlinie. Der Regen, den die Braut verflucht, ist derselbe Regen, den der Bauer preist. Eine berühmte buddhistische Parabel illustriert diese Ambivalenz:

Es war einmal ein alter Bauer. Eines Tages lief sein Maultier weg. Seine Nachbarn kamen und sagten mitfühlend: »So ein Pech.« – »Mal sehen«, antwortete der Bauer.

Am nächsten Morgen kam das Maultier zurück, und mit ihm kamen drei Wildpferde. »Wie wunderbar!«, riefen die Nachbarn. »Mal sehen«, antwortete der alte Mann.

Am nächsten Tag versuchte der Sohn des Bauern, eins der Wildpferde zu reiten. Er wurde abgeworfen und brach sich ein Bein. Wieder kamen die Nachbarn. »Oh, so ein Unglück«, klagten sie. »Mal sehen«, antwortete der Bauer. Kurz darauf kamen Beamte ins Dorf, um die jungen Männer zur Armee einzuziehen. Für den Bauernsohn mit dem gebrochenen Bein hatten sie keine Verwendung. Die Nachbarn gratulierten dem Bauern zum Ausgang der Dinge. »Mal sehen«, sagte der Bauer.

>> *Die Situationen,*
die wir anfangs am
schwierigsten zu akzeptieren
finden, können sich durchaus
als diejenigen herausstellen,
die uns den größten
Nutzen bringen. <<

Dem Bauern ist bewusst, dass man nicht wissen kann, was aus einem Ereignis noch wird, denn jedes hat vielfache, oft nicht vorhersehbare Konsequenzen. Ständig tauchen neue Situationen auf, verändern sich und entwickeln sich zu wieder neuen Situationen.

Wer kann denn wissen, welche neu eintretenden Umstände sich am Ende als positiv und welche als negativ erweisen werden? Es ist nicht alles so, wie es scheint. Die Situationen, die wir anfangs am schwersten zu akzeptieren finden, können sich durchaus als diejenigen herausstellen, die uns den größten Nutzen bringen; vielleicht helfen sie uns, zu wachsen oder inspirieren uns, das Beste aus uns zu machen. Sich dessen bewusst zu sein, dass die Zukunft nicht vorhersehbar ist, lässt uns die Ereignisse neutraler sehen und so akzeptieren, wie sie nun einmal sind.

VERGÄNGLICHKEIT

Aber natürlich ziehen wir positive Ereignisse und Situationen vor. Nichts geht über einen wundervollen Tag, an dem man gesund und sorglos und in das Leben selbst verliebt ist, an dem man überall nur Schönes sieht. An solchen Tagen stimmt einfach alles.

Braucht man es jedoch zu seinem Glück, dass »einfach alles stimmt«, dann ist man eher schlecht dran. Denn Lebensumstände sind wie ein fließender Strom, sie verändern sich ständig und sind immer in Bewegung. Man kann den Strom nicht anhalten. Gerade wenn alles perfekt ist, ändert sich etwas, und plötzlich stimmt nichts mehr.

Alles fließt – Gefühle ändern sich, die Umstände ändern sich. Wenn wir bereit sind anzuerkennen, dass sich alles ständig verändert, können wir die guten Seiten des Lebens besser genießen, so lange sie andauern. Das Bewusstsein, dass nichts für immer bleibt, wie es ist, lässt uns auch das scheinbar Schlechte eher tolerieren und akzeptieren.

>> *Lebensumstände sind wie ein fließender Strom, sie verändern sich ständig und sind immer in Bewegung.* <<

In einer anderen alten Parabel sucht ein König nach einem Satz, der ihm wie ein Lichtstrahl durch gute und schlechte Zeiten hilft. Er befragt alle Weisen im Land, welches die Worte sein könnten, die ihm in allen Situationen ein Trost wären. Schließlich bringt ein alter, weiser Mann dem König einen Ring, in den eingraviert steht: »Auch dies wird vorübergehen.« Der König trug den Ring jederzeit, und wenn alles gut lief, las er den Satz und blieb bescheiden. Wenn die Dinge schlecht liefen, las er ihn ebenfalls, und die Botschaft bewahrte ihn davor zu verzweifeln.

Ob Sie Ihre Situation als vorteilhaft ansehen oder nicht, ob Sie Ihre Lebensumstände ändern können oder nicht, ob sie leicht oder schwer zu akzeptieren sind – **denken Sie immer daran, dass nichts bleibt, wie es ist.** Dieses Wissen erleichtert Ihnen den Übergang vom Widerstand zur Annahme einer Situation, und neue Möglichkeiten werden sichtbar.

DER NÄCHSTE SCHRITT

Wir wissen alle, dass wir unsere Lebensumstände auf sehr unterschiedliche Art akzeptieren können, von »widerwillig zulassen« bis »mit Begeisterung annehmen«. Experimentieren Sie einmal mit der Bereitschaft, jede neue Situation als für Sie vorteilhaft zu betrachten. Wie sähe es aus, wenn Sie jedes einzelne Ereignis, das Ihnen zustößt, als das Beste betrachten, was Ihnen passieren kann?

Als ich 2007 mit meiner besten Freundin auf eine Reise nach Indien ging, hatte ich gerade ein sehr eindrucksvolles kleines Buch von Chris Prentiss mit dem Titel *Zen und die Kunst, sein Glück in die eigene Hand zu nehmen* gelesen. Folgender Satz hatte mich fasziniert: »Alles, was mir widerfährt, ist das absolut Beste, was mir passieren kann.«

Meine Freundin und ich beschlossen, diesen Satz zu unserem Reisemotto zu machen, und wir sagten ihn jeden Tag viele Male. Das bescherte uns sehr lustige Zeiten, zum Beispiel als unser Flug verspätet war, als wir uns in der Altstadt von Delhi verliefen, als man uns ein nicht zu identifizierendes Essen servierte, als wir auf einem völlig überfüllten Bahnsteig standen und sogar als einer von uns die Geldbörse gestohlen wurde. All diese Herausforderungen versuchten wir mit Neugier anzunehmen.

> *Alles,*
> *was mir widerfährt,*
> *ist das absolut Beste,*
> *was mir passieren*
> *kann.* «

Das Ergebnis war eine wundervolle Reise. Jeder Tag war ein Abenteuer, voller Farbe, Duft, Magie und Geheimnis. Nichts wurde zum Problem, und jede Situation war von einem Rätsel begleitet: »Hm, ich sehe wirklich nicht, wie das zu meinem Vorteil ausgehen könnte, aber ich weiß, dass es so ist.« Unser Widerstand gegenüber Ereignissen schwand, und die sich selbst erfüllende Prophezeiung vom Positiven in jedem Geschehen wirkte.

Versuchen Sie es einen Tag lang und warten Sie ab, ob es nicht die Art revolutionieren wird, auf die Sie die Welt wahrnehmen. Wie würde Ihre Lebenswirklichkeit sich verändern, wenn Sie glaubten, dass alles, was Ihnen geschieht, zu Ihrem Vorteil ist?

POWER-WERKZEUGE

HAUPTWERKZEUG: LEBEN IM HIER UND JETZT

Wenn Sie sich das nächste Mal die Hände waschen, beobachten Sie, wie das Wasser aus dem Hahn läuft. Fühlen Sie die Temperatur des Wassers, seinen Druck, sein Fließen, während es über Ihre Finger rinnt. Halten Sie inne, atmen Sie tief ein und seien Sie ganz in diesem Moment. Sagen Sie sich: »Das ist jetzt, meine Gegenwart. Ich bin hier, jetzt. Ich überlasse mich dem Leben, bewege mich mit ihm, nicht gegen es. Ich akzeptiere diesen Moment und lasse ihn genau so sein, wie er ist.«

BONUSWERKZEUG: SCHREIBÜBUNG

Schreiben Sie einen Brief an eine liebe Freundin oder ein Familien-
mitglied und tun Sie, als ob die angesprochene Person sich genau in der
gleichen Situation befindet, mit der Sie gerade Probleme haben. Wenn
es zum Beispiel um Ihre Gesundheit geht, schreiben Sie, als hätte Ihr
Adressat gerade die gleiche Diagnose bekommen. Was könnten Sie sagen?
Äußern Sie Ihr Mitgefühl und Ihre Sorge, Ihren Rat und Ihre Weisheit.
Lassen Sie die Person wissen, wie Sie sie unterstützen können. Öffnen
Sie Ihr Herz und stehen Sie ihr bei. Was können Sie schreiben, das ihr
in dieser Situation helfen würde?

Wenn Sie mögen: Mailen Sie sich diesen Brief eine Woche später selbst
zu. Lesen Sie die Worte, als wären Sie der Adressat, der von Ihnen Rat
und Liebe und Mitgefühl bekommt. Wie fühlt es sich jetzt an, wenn Sie
diese Art Freundschaft und Unterstützung von sich selbst erhalten?

BONUSWERKZEUG: INNEHALTEN. ATMEN. LÄCHELN.

»Frieden beginnt mit einem Lächeln«, pflegte Mutter Teresa zu sagen.
Versuchen Sie es: Halten Sie inne. Atmen Sie. Lächeln Sie. Man weiß, dass
Lächeln die Stimmung positiv beeinflusst. Die Mimik des Lächelns akti-
viert Nervenbotschaften, indem sie die Gute-Laune-Transmitter (Dopamin,
Serotonin und Endorphine) stimuliert und Neuropeptide verstärkt. Alle
diese Botenstoffe wirken positiv auf Gehirn, Stimmung und Körper.

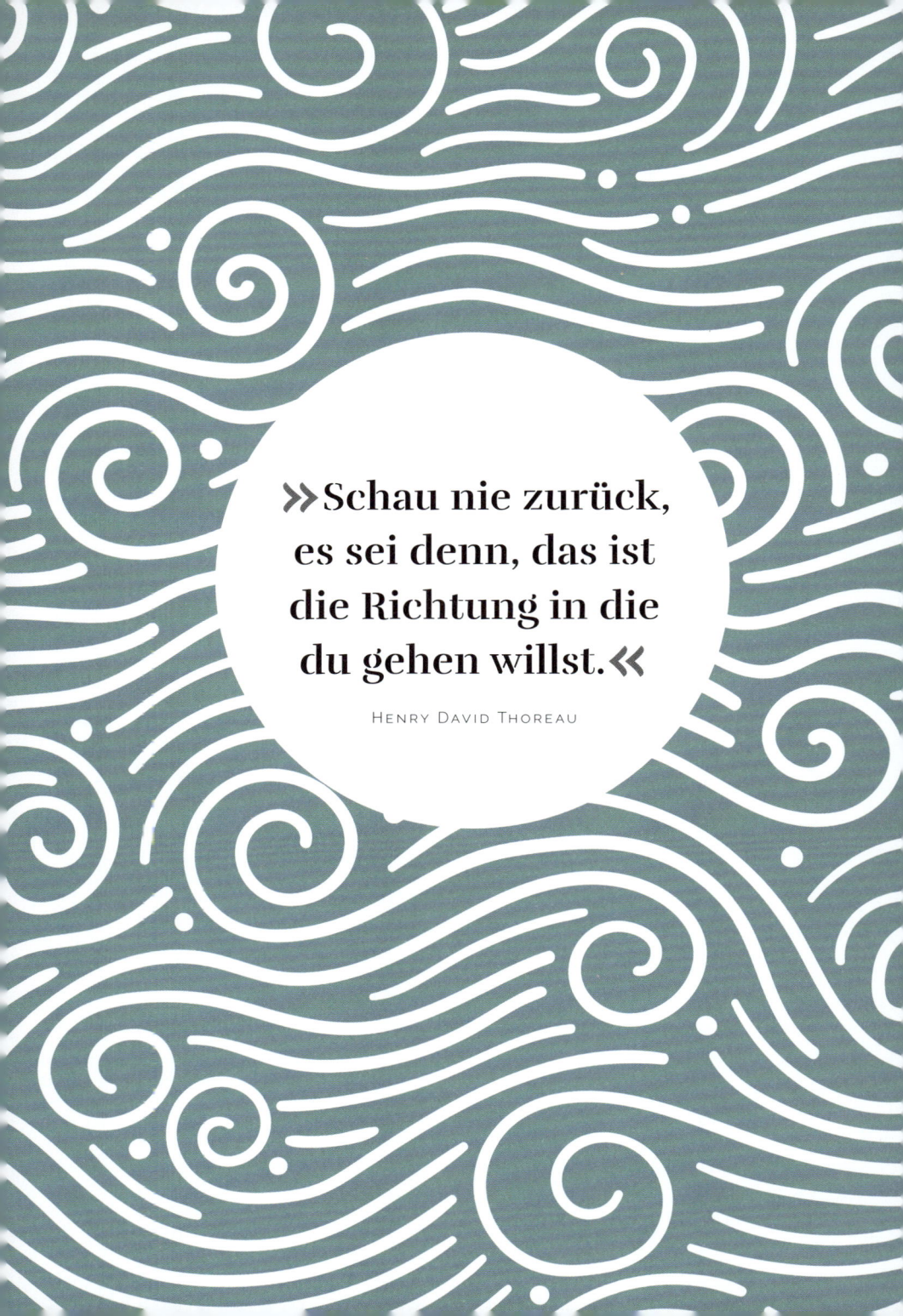

»Schau nie zurück,
es sei denn, das ist
die Richtung in die
du gehen willst.«

Henry David Thoreau

6

DIE VERGANGENHEIT
AKZEPTIEREN

Wieder griff Roger nach einem Taschentuch, die Augen voller Tränen. Seit zwei Monaten war er jede Woche in meine Praxis gekommen, hatte sich Vorwürfe gemacht und immer wieder geklagt, wie anders die Dinge hätten laufen können, wenn ... Roger trauerte um seinen Sohn und fühlte sich mitverantwortlich für dessen Tod. Auch wenn Roger nicht wirklich Schuld am Tod seines Sohnes hatte, glaubte er doch, dass alles anders gekommen wäre, wenn er andere Entscheidungen getroffen hätte. Manchmal ist es leichter, den Schmerz angeblicher Verantwortung zu ertragen, als sich einzugestehen zu müssen, dass man in Wahrheit keinerlei Einfluss hatte.

Fünf Jahre lang hatte Roger das Auf und Ab der Heroinsucht seines Sohnes CJ miterlebt. CJ war ein junger Mann in großen Nöten. In der Schule hatte er mit Lernschwierigkeiten zu kämpfen gehabt, und als junger Mann litt er unter Depressionen. Trost fand er in einer Droge, die von da an sein Leben beherrschte. Roger hatte CJ bei dem Versuch unterstützt, von der Droge loszukommen, bei Entgiftungstherapien, Aufenthalten in Rehabilitationseinrichtungen und beim 12-Schritte-Programm (siehe Seite 28).

Aber an dem Abend, bevor CJ sich eine Überdosis setzte – wahrscheinlich versehentlich –, hatte Roger ihn aus dem Haus geworfen. Er hatte CJ gesagt, dass er das nicht länger mitmachen würde und CJ erst clean und nüchtern wieder willkommen wäre. Am nächsten Tag wurde CJ bewusstlos in der Wohnung eines Freundes gefunden. Roger, von Kummer überwältigt, hatte neben ihm gesessen, während CJ fünf Tage lang künstlich am Leben gehalten wurde. Erfolglos hatte Roger gebettelt, gefleht und gebetet, dass es CJ besser gehen möge. Als die Ärzte den Hirntod des Sohnes feststellten, entschied der Vater am Vorabend von CJs 29. Geburtstag, dass die Geräte abgestellt werden sollten.

> **Das Problem mit Reue ist, dass man die Vergangenheit niemals — und ich meine niemals — ungeschehen machen kann.**

»Wenn ich ihn nur an diesem Abend nicht weggeschickt hätte«, schluchzte Roger zum hundertsten Mal. Wenn ich nur. Wenn ich nur …

Es gab keinen Trost für ihn. Der Gedanke, dass es sonst in einer anderen Nacht passiert wäre, half ihm nicht. Schließlich war CJ schon viele Jahre auf einem selbstzerstörerischen Kurs gewesen. Es half Roger auch nicht, als ich ihm sagte, dass seine Entscheidung an dem Abend durchaus sinnvoll gewesen war, wenn man alles in Betracht zog, was er bis zu diesem Punkt mitgemacht hatte.

Keine vernünftige Argumentation konnte Rogers Verzweiflung lindern. Das Problem mit Reue ist, dass man die Vergangenheit niemals — und ich meine *niemals* — ungeschehen machen kann. Was getan ist, ist getan. Und doch spielen wir im Kopf immer wieder Ereignisse durch, die bereits geschehen sind, als könnten sie doch noch anders ausgehen, wenn wir im Geiste immer wieder das gleiche Band abspielen. Verzweifelt träumen wir davon, das zu ändern, was passiert ist.

Obwohl Roger irgendwann wusste, dass Reue und Schuldgefühl unproduktive Emotionen waren, und obwohl er davon frei sein wollte, konnte er einfach keinen Ausweg sehen. Aber sein Schmerz war so überwältigend, dass irgendwann das Bedürfnis nach Erleichterung sein Herz für die AVS-Praxis öffnete (siehe Kapitel 2). Das »A« (anerkennen) von AVS fiel ihm sogar ziemlich leicht. Er konnte zu sich selbst sagen:»Roger, ich weiß, dass du leidest. Ich sehe, dass du dich verantwortlich fühlst. Ich weiß, dass du wünschst, die Dinge wären anders verlaufen. Es ist einfach schrecklich.« Als er seinen Schmerz akzeptierte, flossen Tränen der Erleichterung.

Nun war für Roger auch das »V« (verbinden) der AVS-Praxis nicht schwer. Er fühlte sich mit dem Kampf der vielen Mütter und Väter verbunden, die er früher in den Behandlungszentren und Selbsthilfegruppen für Suchtabhängige getroffen hatte, und er gehörte auch zu einer Gruppe von Eltern, die ein Kind verloren hatten. So konnte er zu sich selbst sagen:»Roger, du bist einer von Tausenden, die einen Suchtabhängigen lieben oder geliebt haben. Du befindest dich in Gesellschaft vieler trauernder Eltern, die ihr Bestes getan haben und deren Herz gebrochen ist.«

Aber das »S« von AVS — freundlich zu sich selbst sprechen — war eine Herausforderung für Roger. Anfangs brachte er es einfach nicht fertig. »Ich würde mich ja am liebsten selbst zusammenschlagen«, sagte er. Also erkannten wir an, wie schwer es für ihn war, auch nur daran zu denken, freundlich und rücksichtsvoll zu sich selbst zu sein.

Wenn Klienten sehr große Probleme haben, freundlich zu sich selbst zu sprechen, fordere ich sie manchmal auf, ihre Aufmerksamkeit auf ihren

Körper zu richten. Sich den im Körper empfundenen Gefühlen zuzuwenden, hat eine besänftigende Wirkung. Wir schlossen beide unsere Augen, und ich fragte Roger, ob er beschreiben könne, wie es sich in seinem Körper anfühlte, wenn er sich selbst schlagen wollte.

»Es fühlt sich eng in der Brust an, oder nein ... Eher, als würde sich mein Magen zusammenziehen, als hätte mir jemand in den Bauch getreten«, sagte er.

»Okay, also wie in den Bauch getreten«, wiederholte ich. »Können Sie dieses Gefühl einfach wahrnehmen, es beobachten? Was passiert, wenn Sie mit diesem Gefühl im Bauch dasitzen?« »Ich mag es nicht«, antwortete er. »Ich möchte, dass es nicht da ist.«

»Ja, es ist unangenehm«, bestätigte ich. »Aber nehmen Sie wahr, wie es ist, bei diesem Gefühl zu bleiben, wenn Sie können, spüren Sie es noch etwas länger, lassen Sie es einfach da sein und seinen Schmerz ausdrücken. Ich lade Sie ein, zu sich selbst zu sagen, dass Sie einfach nur ein guter Vater sein wollten und dass Sie CJ helfen wollten, es aber nicht konnten.« Roger kämpfte mit den Tränen, als ich das sagte. »Das ist es. Ich wollte ihm so gern helfen, aber ich war hilflos.«

»Es ist okay, dieses Gefühl zuzulassen, Roger. Wo spüren Sie diese Hilflosigkeit in Ihrem Körper?«, fragte ich. — »Ich möchte einfach nur zusammenfallen, wie eine Stoffpuppe. Als wäre ich innen leer. Ich habe keine Macht. Ich mag das nicht.«

»Ja, niemand mag das Gefühl, keine Macht zu haben, leer zu sein«, beruhigte ich ihn. »Beobachten Sie sich, während Ihr Körper das zulässt — dieses Gefühl der Ohnmacht. Lassen Sie dieses Gefühl einfach da sein. Auch das Gefühl, es nicht zu mögen, das ist auch in Ordnung.«

Wir waren eine Weil still, und Roger legte spontan seine Hand auf seinen Bauch. »Ich möchte, dass es mir besser geht«, sagte er. »Jetzt geht es mir gerade schlecht, aber gleichzeitig auch irgendwie nicht ganz so schlecht.«

»Versuchen Sie, ob Sie noch ein bisschen länger bei diesem Gefühl bleiben können«, ermunterte ich ihn. »Was passiert jetzt in Ihrem Körper?« »Also, die Enge in meiner Brust ist verschwunden. Ich fühle mich ein bisschen entspannter«, sagte er. »Und ich habe irgendwie so ein Gefühl von etwas, ein Gefühl zu meiner Machtlosigkeit, kein Mitgefühl, aber ... vielleicht so etwas wie Zärtlichkeit? Dass es schrecklich ist, wenn man nicht über alles die Macht haben kann, aber ich bin ja nur ein Mensch. Ich bin nur ein Mann, der seinen Sohn geliebt hat.«

In dem Moment änderte sich bei Roger etwas. Er konnte sich selbst gegenüber freundlicher sein, weil er sein Leiden zuließ. Indem er es beschrieb, aktivierte er sich selbst als Zeuge seines Leidens. Und gleichzeitig verstand er seinen Widerstand gegen sein Leiden und schaffte Platz für einen Perspektivenwechsel. Nach dieser Sitzung konnte er freundlich zu sich selbst sprechen, sich sagen, dass er nur ein Mensch war. Aus Momenten des Leidens wurden Momente des Selbstmitgefühls und des Trostes.

Für Roger fühlte sich das Wort »Akzeptanz« nicht richtig an, aber mit dem Wort »erlauben« kam er zurecht. Er entschied zu »erlauben«, dass seine Vergangenheit war, wie sie war, nicht mehr, nicht weniger. Sein Selbstgespräch bestand nun aus freundlicher Ermutigung weiterzumachen, die Erinnerung an CJ zu ehren und sich wieder dem Leben zuzuwenden, unbelastet von Schuld. Sobald Roger CJs Tod als Teil seines Lebens angenommen hatte, schaute er vorwärts (zu neuen Möglichkeiten) und wollte nicht mehr weiter die Zeit verschwenden, die ihm geblieben war. Er entschied sich, wieder aktiv zu leben, zu Ehren CJs.

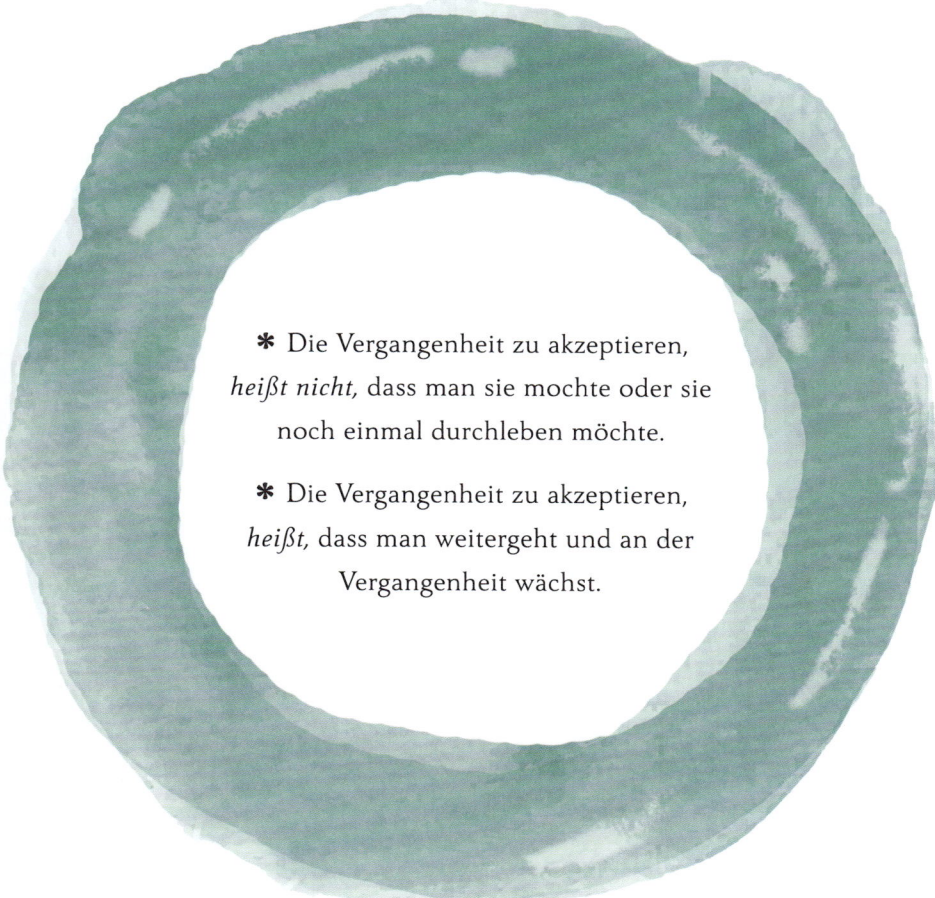

* Die Vergangenheit zu akzeptieren, *heißt nicht,* dass man sie mochte oder sie noch einmal durchleben möchte.

* Die Vergangenheit zu akzeptieren, *heißt,* dass man weitergeht und an der Vergangenheit wächst.

SICH SELBST VERZEIHEN

Sich selbst zu verzeihen heißt, sich nicht mehr über sich selbst zu ärgern oder sich nichts mehr nachzutragen. Sich selbst zu verzeihen und sich selbst zu akzeptieren, sind ähnliche Haltungen. Bei beiden nimmt man die Realität als das an, was man hat, bei beiden gibt man seinen Widerstand auf, beide führen zu einer freundlicheren Beziehung zu sich selbst. Wenn man etwas akzeptiert, das man getan hat und von dem man wünschte, man hätte es nicht getan – oder vielleicht akzeptiert, dass man etwas nicht getan hat, von dem man wünschte, man hätte es getan –, bedeutet das, sich selbst zu verzeihen. Vielleicht hat man einen Fehler gemacht. Vielleicht hätte man etwas anders gemacht, wenn man gewusst hätte, was passieren würde. Vielleicht hat man jemanden sehr verletzt. Oder vielleicht sogar ein Verbrechen begangen.

Erinnern Sie sich an Claude Anshin Thomas, den Vietnam-Veteranen, der Zen-Mönch wurde (siehe Seite 82)? Die Menschen in Plum Village sagten ihm immer wieder, dass »die Vergangenheit in der Vergangenheit liegt«. Schließlich explodierte er und rief: »Die Vergangenheit liegt nicht immer in der Vergangenheit – manchmal ist sie gegenwärtig, und sie ist nicht schön, und ich hasse sie.« Er hatte im Krieg unschuldige Menschen getötet. Einer der Mönche sagte zu ihm: »Man muss lernen, mit dieser Erfahrung zu leben wie ruhiges Wasser.« Es dauerte drei Jahre, bis Claude sich verzeihen konnte, aber schließlich begann er, ruhig mit den Erinnerungen seiner eigenen vergangenen Handlungen zu leben. Als er seine Wut und seinen Hass gegen sich selbst ablegte, kamen Akzeptanz und Vergebung zusammen. Wenn man selbst »schuldig« geworden ist, geht es beim Akzeptieren der Vergangenheit auch darum, sich selbst zu vergeben, und für manche kann das **einen Akt der Sühne einschließen.**

>> *Sich selbst zu verzeihen, heißt, sich nicht mehr über sich selbst zu ärgern oder sich nichts mehr nachzutragen.* <<

WIEDERGUTMACHUNG

Bei der Behandlung von Suchtkranken, die sich an dem 12-Schritte-Programm orientiert, wird eine Liste der begangenen Fehler aufgestellt und eventuell leistet die Person Wiedergutmachung. Auch in Religionen gibt es die Tradition von Beichte und Sühne. Wenn wir eine Schuld auf uns geladen haben, sind Beichte, Sühne, Entschuldigung und Wiedergutmachung Möglichkeiten, das Vergangene zu akzeptieren und damit den Weg zu ebnen, sich selbst vergeben zu können.

Als der 42-jährige Carlos zu mir kam, litt er an Depressionen. Sein Vater war kürzlich verstorben, und sein Tod hatte Carlos in ein emotionales Chaos gestürzt. »Wir standen uns nie wirklich nahe. Ich nahm ihm übel, dass er in meiner Kindheit Alkoholiker war. Er war nicht der Dad, der mit zu meinen Baseballspielen ging, wenn Sie wissen, was ich meine.«

Carlos hatte geglaubt, wenn er seinen Vater ignorierte und aus seinem Leben ausschloss, würde dessen Einfluss auf ihn verschwinden. Aber sein ganzes Leben lang hatte Carlos seinem Vater innerlich Vorwürfe gemacht. »Mir wurde klar, dass dieser Typ mir nur eine Sache gegeben hatte – eine bittere Sicht auf das Leben.«

Als Carlos' Vater im Jahr zuvor krank geworden war und dann starb, hatte Carlos ihn nicht besucht. Er hatte daran gedacht, aber dann entschieden: »Dieser Mann war nie für mich da, als er lebte, warum also sollte ich für ihn da sein, wenn er jetzt stirbt?«

Am Anfang unserer Arbeit machte Carlos immer wieder seinen Vater für seine eigene Depression verantwortlich. Carlos musste lernen, zu sich selbst so freundlich zu sein, wie sein Vater es nie hatte sein können. Mit dem Entstehen von Selbstmitgefühl kam auch Carlos' Erkenntnis, dass sein Glück in seiner eigenen Verantwortung lag und er die Kontrolle darüber hatte. Er fühlte sich schuldig, weil er seinen Vater nicht vor dessen Tod besucht hatte. Er bedauerte seine Entscheidung, und die Vorstellung, dass sein Vater ganz allein starb, machte ihm zu schaffen.

Diese Vorstellung übte einen so starken Einfluss auf Carlos auf, dass er beschloss, ehrenamtlich in einem Hospiz zu arbeiten. Selbstmitgefühl hatte bei Carlos Mitgefühl für andere ausgelöst, sogar für seinen Vater. Es war ihm ein Trost, für andere Sterbende da zu sein, auch wenn er für seinen sterbenden Vater nicht da gewesen war. »Irgendwie mache ich das für meinen Vater, ihm zu Ehren. Er war ein Mistkerl, aber er war nicht ganz schlecht, wissen Sie?« Für Carlos war seine Arbeit im Hospiz eine Art Wiedergutmachung. Nachdem er sein Verhalten in der Vergangenheit vollständig akzeptiert hatte, konnte er sein eigenes Leben weiterleben, ohne sich weiter sein Versäumnis nachzutragen. Er konnte seiner Vergangenheit eine neue Bedeutung geben und sein Leiden überwinden.

VERGANGENHEIT ODER GEGENWART?

Aber wie sieht es aus, wenn nicht Sie diejenige waren, die etwas falsch gemacht hat? Wenn jemand anders für Ihre schwierige Vergangenheit verantwortlich ist? Wie können Sie das akzeptieren und positiv weiterleben? Verzeihen Sie oder vergessen Sie? In diesem Fall kann die Kunst des Akzeptierens darin liegen, dieses Stück Vergangenheit einfach als einen Teil von sich selbst zu akzeptieren. Vielleicht kann man ihn sogar als den Treibstoff ansehen, der einen zu dem gegenwärtigen, stärkeren Menschen hat werden lassen.

So war es für Laura, die nach einem kleinen Autounfall zu mir kam, weil sie Angstzustände und eine nicht zu beherrschende Furcht hatte, auf Kreuzungen zuzufahren. (Ihr war ein Auto von hinten aufgefahren, während sie an einem Stopp-Zeichen stand.) Es stellte sich heraus, dass sie auch ein sehr unglückliches Leben führte. Sie hasste sich selbst und sie hasste ihre Arbeit, und seit dem Unfall kam ihr häufig der Gedanke, dass es für sie vielleicht besser wäre, nicht mehr zu leben.

DIE ANWENDUNG VON EMDR

Wir begannen die Arbeit mit einer speziellen Methode zur Traumatherapie, EMDR genannt (Eye Movement Desensitization and Reprocessing – Desensibilisierung und Verarbeitung durch Augenbewegung). Dabei folgt der Klient mit den Augen einem visuellen Reiz (Hand der Therapeutin oder blinkenden Lichtern), der sich schnell von einer Seite zur anderen bewegt. Wie im REM-Schlaf veranlasst die schnelle Augenbewegung das Gehirn, Erinnerungen aufzurufen. Sie weckt auch Assoziationen zu Erinnerungen und hilft, schmerzliche Emotionen zu heilen.

Wenn sich in diesem tranceähnlichen Prozess die Augen nach links und rechts, und immer wieder nach links und rechts bewegen, wird im Gehirn ein Erinnerungspfad an Assoziationen ausgelöst. Bei Laura begannen wir mit ihrer Erinnerung an den Autounfall, doch durch den EMDR-Prozess wanderte ihr Geist anderswohin.

Ich stoppte die Lichtsensoren und fragte: »Was sehen Sie?« (Wir hatten vorher vereinbart, dass sie alle aufsteigenden Bilder oder Gefühle äußern würde.) Sie sagte: »Ich sah gerade ein Bild vor mir, in dem ich als kleines Mädchen in meinem Zimmer sitze und mit meinen Puppen spiele. Da stürzt mein Vater ins Zimmer und schreit mich an. Er kommt zu mir und schlägt mich auf den Kopf. Oh, daran habe ich seit Jahren nicht mehr gedacht.« Lauras Vater war Alkoholiker und wurde in betrunkenem Zustand häufig gewalttätig.

Wir fuhren mit der EMDR-Behandlung fort, und während Lauras Gehirn sich langsam selbst heilte, tauchte ein Bild nach dem anderen auf, in dem ihr Vater sie misshandelte, und verschwand wieder. Oft beschrieb Laura die Bilder unter Tränen. Sie erinnerte sich an viele Situationen, in denen er wieder einmal einen seiner »Angriffe« ausführte, wie sie es nannte; dabei stürzte er betrunken in ihr Zimmer und schlug sie ohne Grund.

Schluchzend sagte sie: »Ich erinnere mich an so viele Male, als er mir sagte, dass er wünschte, ich wäre ein Junge, und dass ich besser nie geboren worden wäre.« Laura ließ diese Erinnerungen tapfer zu und integrierte sie in ihre erwachsene Persönlichkeit. Seit Jahren hatte sie nicht mehr an diese schmerzhaften Ereignisse gedacht. In einer Sitzung schaute sie plötzlich auf, als ihr klar wurde, warum der Autounfall – ein schockierender Angriff von hinten – bei ihr solche Angst ausgelöst hatte. Und warum er dazu geführt hatte, dass sie manchmal dachte, sie wäre besser tot. Denn das hatte sie als Kind oft gedacht. Am Ende dieser Sitzung war sie von ihrem Trauma befreit, Angst und Verzweiflung hatten sich aufgelöst, und sie fühlte eine neue innere Ruhe.

Während sich nach und nach Lauras schwierige Kindheit offenbarte, erkannte Laura, wie sehr ihre Vergangenheit sich auf ihre Gegenwart ausgewirkt hatte. **Für das Unbewusste verläuft das Leben nicht linear, die Vergangenheit ist die Gegenwart.**

FRIEDEN SCHLIESSEN

Nachdem Laura nicht mehr unter ihrem Trauma litt, wollte sie ihr Selbstwertgefühl stärken. Sie musste die kindliche Überzeugung auflösen, dass sie einen Mangel aufwies und Misshandlungen verdiente. Dafür brauchte sie Selbstmitgefühl.

In einer Reihe geführter Visualisierungen setzte sich die heutige Laura neben Laura als Kind. Laura konnte imaginieren, wie sie ihr kindliches Selbst im Arm hielt, beruhigte und tröstete. Sie sagte dem kleinen Mädchen, dass es nicht allein sei und die Behandlung ihres Vaters nicht verdiente.

Laura hatte Glück, denn für sie war es relativ einfach, ihrem Vater zu vergeben. Er war als Kind von seinem eigenen Vater geschlagen worden, und Laura verstand, dass er selbst ein verletzter Mensch war. Selbstmitgefühl war der Ausgangspunkt für Laura; sie konnte jetzt ihren Vater als den akzeptieren, der er war, und sie akzeptierte ihre eigene Vergangenheit. Sie wusste, dass ihre jetzige Stärke als Erwachsene die Stärke einer Überlebenden war. Ihre Kindheit war ein Stück in dem Puzzle ihres Lebens, aber nur ein kleines Stück.

»Ich stelle mir meine Vergangenheit als Kompost vor«, sagte sie. »Es ist nur Abfall, aber wenn man ihn reifen lässt, verwandelt er sich in fruchtbare, lebensspendende, organische Materie.«

Wenn wir auf unsere Reise zur Akzeptanz zurückblicken, sehen wir, dass unsere Schwierigkeiten oft auch unsere besten Lehrer sind: Schwierigkeiten mit uns selbst, mit anderen, mit den Umständen und, ja, sogar mit all den seltsamen und verletzenden Ereignissen aus der Vergangenheit.

WEITE UND PERSPEKTIVE

Manchmal ist nur ein wenig Abstand nötig, eine andere Perspektive, um alles etwas klarer zu sehen. Eine alte Hindu-Legende macht das deutlich:

Ein alter Meister war das ständige Klagen und Jammern seines Schülers leid, und so schickte er ihn eines Morgens los, um Salz zu holen. Als der Schüler zurückkam, bat der Meister ihn, eine Handvoll Salz in ein Glas mit Wasser zu mischen und davon zu trinken.

»Wie schmeckt es?«, fragte der Meister.

»Bitter«, prustete der Schüler.

Nun gingen beide schweigend zu einem nahegelegenen See. Der Meister bat den jungen Mann, eine Handvoll Salz in den See zu schütten und darin zu verrühren. Dann sagte er: »Und jetzt trink aus dem See.«

Das tat der Schüler, woraufhin der Meister fragte: »Wie schmeckt es?«

»Frisch«, gab der Schüler zur Antwort.

172

»Hast du das Salz geschmeckt?«, wollte der Meister wissen.

»Nein«, erwiderte der Schüler.

Da nahm der Meister die Hände des jungen Mannes und sagte: »Der Schmerz des Lebens ist reines Salz; nicht mehr, nicht weniger. Die Menge des Schmerzes im Leben bleibt genau gleich. Aber die Bitterkeit, die wir schmecken, hängt von dem Gefäß ab, in das wir den Schmerz füllen. Wenn du also Schmerz empfindest, kannst du nur eines tun: dein Bewusstsein erweitern. Hör auf, ein Glas zu sein. Werde ein See.«

Selbstmitgefühl erweitert unseren Raum für Akzeptanz, und Akzeptanz erweitert unseren Raum für neue Möglichkeiten. Wenn wir die Vergangenheit wirklich als vergangen sehen, öffnet sich vor unseren Augen ein weiter Ausblick. Was sich als inakzeptabel anfühlte, was einst zu bitter war, um es zu ertragen, ist nun nur noch ein kleines Stück unserer breiten persönlichen Geschichte. Die Vergangenheit ist vorbei. Die Gegenwart ist jetzt. Die Zukunft kommt erst noch.

VERGANGENHEIT – GEGENWART – ZUKUNFT

So wie die Vergangenheit unsere Gegenwart beeinflusst, beeinflusst unsere Gegenwart unsere Zukunft. Alles, was wir heute tun und denken, wird morgen unsere Vergangenheit sein. Wir müssen uns also nur um das Heute kümmern, um diesen Augenblick, genau jetzt.

Die 32-jährige Rebecca kam zu mir, weil sie mit dem Rauchen aufhören wollte. Sie verurteilte sich selbst dafür, dass sie damit überhaupt angefangen hatte und seit zehn Jahren ihren Körper vergiftete. Die Stärke ihres Widerstands gegen ihre vergangene Entscheidung und ihre momentane Sucht offenbarte sich in ihrem verkrampften Körper und darin, wie negativ sie über sich selbst sprach.

In mehreren Sitzungen führte ich Rebecca den Weg zum Selbstmitgefühl, und sie wurde freundlicher zu sich. Das hieß nicht, dass sie gleich ihr Verhalten änderte, aber das Selbstmitgefühl befreite sie von ihrem Selbsthass und ihrem Widerstand, die beide ihre Fähigkeit zur Veränderung gelähmt hatten.

>> *So wie die Vergangenheit unsere Gegenwart beeinflusst, beeinflusst unsere Gegenwart unsere Zukunft.* <<

Dass sie Raucherin geworden war, gefiel ihr immer noch nicht, aber sie kam damit klar. Und während sie eine Art neutrale Akzeptanz annahm (»die Vergangenheit ist vorbei«), verwandelte sich ihr Selbstgespräch in eine innere Cheerleader-Stimme. (»Rebecca, es ist schwer, das Rauchen aufzugeben, aber du schaffst das. Du bist nicht die Einzige, die das tut. Du verdienst diese gesunde Entscheidung.«) Ohne den Widerstand gegen ihre Vergangenheit konnte Rebecca in eine neue Zeit aufbrechen, eine Zeit, auf die ihr zukünftiges Selbst mit Dankbarkeit zurückblicken würde.

»Ich glaube, ich kann nicht vorwärtsfahren, wenn ich immer weiter in den Rückspiegel starre«, sagte Rebecca plötzlich am Ende einer Sitzung. Ein in die Zukunft gerichtetes Leben bedeutete für sie, endlich nicht mehr rückwärts zu schauen.

Selbstmitgefühl half Rebecca dabei, von der Annahme (»Ich war zehn Jahre lang Raucherin und bin es auch jetzt noch.«) zu neuen Möglichkeiten weiterzugehen. (»Etwas anderes ist möglich, und ich bin offen dafür.«) Sie konnte ihr Verhalten in der Vergangenheit nicht ändern, aber sie glaubte jetzt an die Möglichkeit, es heute ändern zu können.

DER NÄCHSTE SCHRITT

Wollen Sie das Akzeptieren der Vergangenheit von einem einfachen »Hinnehmen unter Protest« zu einem »begeistert in die Arme Schließen« steigern? Sie können Ihr Erleben intensivieren, indem Sie es um das Konzept des Karmas erweitern — und, falls Sie mögen, den Weg zurück zu möglichen vergangenen Leben.

Sehr verkürzt geht es bei der buddhistischen und hinduistischen Idee des Karmas um die Ursachen und Wirkungen unseres Handelns. Die negativen und positiven Handlungen, die wir in diesem Moment ausführen, haben dann Auswirkungen auf unser zukünftiges Schicksal. Der Glaube an die Reinkarnation geht sogar davon aus, dass unsere Erlebnisse in diesem Leben in Zusammenhang stehen mit unserem Verhalten in vorherigen Existenzen. Darüber hinaus könnte Ihre Seele sogar den Umständen dieses Lebens zugestimmt haben, weil diese für Ihr weiteres Wachstum nötig waren!

> *Seien Sie offen für Erkundungen ... und das Geheimnisvolle ... und Akzeptanz.* «

Auch wenn Sie den Ideen von Karma und Wiedergeburt nichts abgewinnen können, versuchen Sie trotzdem einmal, sich über solche Möglichkeiten Gedanken zu machen. Wie könnten Ihre derzeitigen Lebensumstände von Ihren Handlungen in früheren Leben beeinflusst worden sein? Wie könnte Ihr derzeitiges Verhalten Ihr zukünftiges Selbst beeinflussen? Warum könnte Ihre Seele Ihre momentane Situation für Ihr persönliches Wachstum gebraucht haben? Auch wenn Sie keine Antworten haben, stellen Sie sich trotzdem Fragen. Seien Sie offen für Erkundungen ... und das Geheimnisvolle ... und Akzeptanz.

POWER-WERKZEUGE

HAUPTWERKZEUG: SICH MIT ALLEN SINNEN ERDEN

Wenn man die Vergangenheit loslässt, geht es letztlich darum, in der Gegenwart anzukommen. Nehmen Sie diesen Moment bewusst wahr, genau jetzt. Wählen Sie einen Gegenstand aus, den Sie in der Hand halten und der Ihnen hilft, Ihre Fünf-Sinne-Übung durchzuführen.

Sehen: Nehmen Sie die Einzelheiten des Gegenstands wahr, während Sie ihn halten. Betrachten Sie alle Details, die Farben, die Reflexion des Lichts. Werden die Einzelheiten schärfer oder verschwimmen sie, wenn Sie Ihre Aufmerksamkeit darauf richten?

Fühlen: Fühlen Sie die Form des Gegenstands, während Sie ihn halten. Ist die Oberfläche rau oder glatt? Kalt oder warm? Weich oder hart? Spüren Sie Ihre Empfindungen an den Fingerspitzen und in der Handfläche.

Hören: Schütteln Sie den Gegenstand. Macht er ein Geräusch? Wie hört sich das Geräusch Ihrer Finger auf dem Gegenstand an? Und wenn man ihn an eine andere Oberfläche schlägt oder daran reibt — hören Sie das Geräusch oder stellen Sie es sich nur vor.

Schmecken: Wenn man Ihren Gegenstand kosten kann, tun Sie das. Wenn nicht, achten Sie auf den Geschmack in Ihrem Mund, während Ihre anderen Sinne den Gegenstand wahrnehmen.

Riechen: Hat Ihr Gegenstand einen Geruch? Wenn nicht, nehmen Sie die Gerüche in dem Raum wahr, in dem Sie sich befinden. Stellen Sie sich vor, wie diese Ihren Gegenstand umwehen und an ihm haften.

Üben Sie, in diesem Moment zu sein, und nur in diesem Moment.

BONUS-WERKZEUG: VERBINDUNGS-STRETCHING

Stellen Sie sich hin oder setzen Sie sich, um in der Vorstellung und mit Körperpositionen die Zeitstufen Ihres Lebens zu verbinden.

1 Beugen Sie sich nach vorn und bringen Sie Ihre Hände zur Erde – das ist Ihre Vergangenheit.

2 Richten Sie sich auf und strecken Sie die Hände gen Himmel – das ist Ihre Zukunft.

3 Stehen Sie aufrecht und bringen Sie die Hände in die Namasté-Stellung (eine Yogaposition, in der die Handflächen auf Herzhöhe aneinanderliegen, die Finger zeigen nach oben, die Daumen zur Brust) – das ist der gegenwärtige Moment.

4 Atmen Sie tief ein und aus, in dem Wissen, dass Sie sich in die Zukunft fortbewegen und gerade einen neuen vergangenen Moment erschaffen, auch wenn Sie sich im Jetzt befinden.

BONUS-WERKZEUG: BITTERSÜSSE ERINNERUNGEN

Nehmen Sie sich einige Minuten Zeit und rufen Sie sich schwierige Erlebnisse in Erinnerung (etwas Bitteres); versuchen Sie, zwei Aspekte daran zu finden, die gut für Sie waren (etwas Süßes).

Ich erinnere mich zum Beispiel, dass mein siebtes Schuljahr für mich eine sehr unglückliche Zeit war — meine Eltern hatten sich in diesem Jahr scheiden lassen, und ich fühlte mich auch sonst rundum unwohl. Aber an andere Ereignisse im selben Jahr erinnere ich mich sehr gern:

✻ Meine Klavierlehrerin war sehr nett zu mir, und ich liebte sie über alles. Zu meinem Unterricht brachte sie mir Chocolate-Chip-Cookies mit, weil sie wusste, dass ich eine schwierige Phase durchmachte.

✻ Ich gewann den Preis unserer Schule im Buchstabier-Wettbewerb — für eine 13-Jährige eine tolle Auszeichnung.

Ein anderes Beispiel: Als meine Kinder noch klein waren, musste ich mich wegen einer Blinddarmentzündung einer Notoperation unterziehen. Das war beängstigend und schmerzhaft. Gerne erinnere ich mich aber daran:

✻ Meine beste Freundin brachte mir selbst gekochte Suppe vorbei, passte auf die Kinder auf und kümmerte sich sogar um unsere Wäsche.

✻ Besonders eine Krankenschwester war ein absoluter Engel; sie sorgte wunderbar für mich und half mir, mit den Schmerzen zurechtzukommen.

Wenn man nach süßen Erinnerungen sucht, findet man sie — sogar mitten unter den bitteren.

» Wenn man nach süßen Erinnerungen sucht, findet man sie — sogar mitten unter den bitteren. «

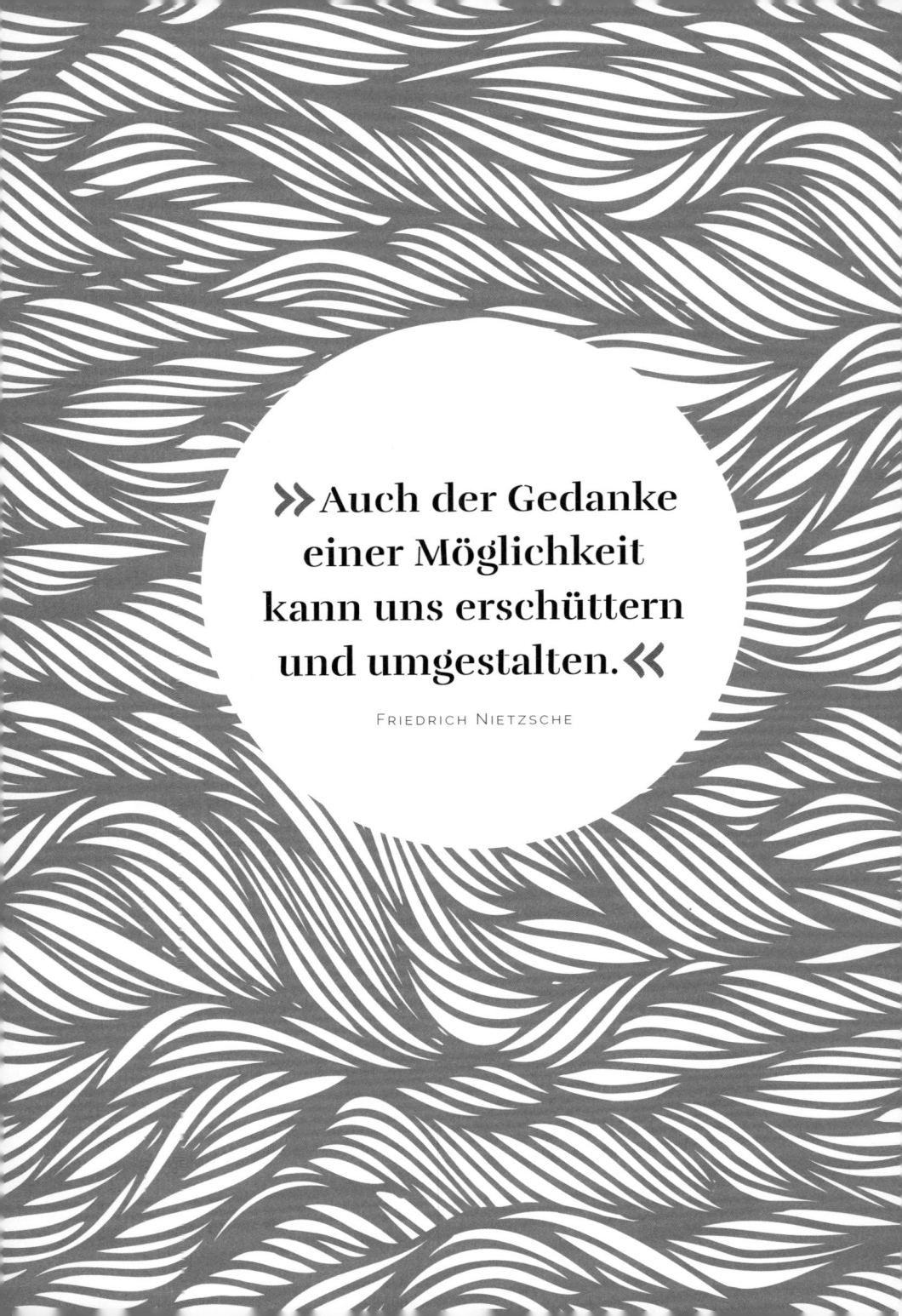

>> Auch der Gedanke einer Möglichkeit kann uns erschüttern und umgestalten. <<

FRIEDRICH NIETZSCHE

7

LEBEN MIT NEUEN MÖGLICHKEITEN

Ein Mann kommt nach Hause und sieht, dass vor seinem Haus ein großer Haufen Mist abgeladen worden ist. Er hat ihn nicht bestellt. Er will ihn nicht. Er ärgert sich darüber. Aber der Mist ist nun mal da. Wie in Kapitel 1 beschrieben, kann seine Reaktion nun verschiedene Stufen des Akzeptanzprozesses durchlaufen. Er kann darüber klagen und über sein Pech im Leben schimpfen **(Widerstand)**. Er kann den Haufen dalassen und ohne Widerstand die neue Situation einfach sein lassen, wie sie ist **(Annahme)**. Besser noch, indem er den Tatbestand des Mists vor seiner Tür annimmt, kann er sich nun Gedanken machen, was als Nächstes passieren könnte – er könnte den Mist verkaufen oder als Dünger in seinem Garten verstreuen **(neue Möglichkeiten)**.

Wir haben alle die gleiche Wahl, wenn es darum geht, auf das Leben und seine vielen Herausforderungen zu reagieren. Wir können uns widersetzen oder sie akzeptieren. Wir bitten nicht um diese Herausforderungen, wir wollen sie nicht. Aber wie wir auf sie reagieren, schafft die Voraussetzungen für unsere Zukunft, unsere Möglichkeiten.

Mit Möglichkeiten zu leben bedeutet, neugierig und offen für die Zukunft zu sein und sich selbst zu sagen: »Das ist es, was ich habe – und was kommt jetzt?« Wir haben vielleicht nicht immer die Kontrolle über jedes Detail, aber wir allein entscheiden, ob wir eine Situation akzeptieren.

* Akzeptanz heißt *nicht*, dass es keine Hoffnung auf Veränderung gibt.

* Akzeptanz heißt, dass Sie an der Schwelle zu neuen Möglichkeiten stehen.

SCHLECHTER ODER BESSER?

Gracie war 32 Jahre alt, schwanger und hatte schreckliche Angst vor allem, was mit Medizin zu tun hatte. Sie kam zu mir, um an ihrer Angst vor der Geburt zu arbeiten — ihrer Angst vor Spritzen, Infusionen und Blutabnahmen, ganz zu schweigen von der Geburt selbst. Ihr Widerstand war geradezu greifbar. Um die Klinik-Umgebung zu vermeiden, hatte sie an eine Hausgeburt gedacht, aber ihr Ehemann war skeptisch. Also bereitete sich Gracie auf das Unvermeidliche vor — mit geballten Fäusten.

Wir gingen mit der AVS-Praxis (siehe Kapitel 2) auf ihr Gefühl der Angst ein. Wie bei jeder zu akzeptierenden Situation ist Selbstmitgefühl der erste Schritt. Gracie erkannte ihre Angst an und fühlte, wie das war: »Gracie, du machst dir Sorgen, und das nicht ohne Grund. Eine Geburt ist eine große Sache, und dein Körper ist ein kostbares Gefäß.«

Im Verlauf des Prozesses bat ich Gracie, die Augen zu schließen und sich vorzustellen, wie sie in einem Krankenhausbett lag, neben ihr eine Krankenschwester, deren Aufgabe es war, ihr zu helfen. »Nun stellen Sie sich vor, wie die Schwester Vorbereitungen trifft, um Ihnen Blut abzunehmen. Sie legt einen Stauschlauch um Ihren Arm und sieht sich Ihre Venen an, um zu entscheiden, wo sie anfangen wird.«

Gracies ganzer Körper verkrampfte sich sichtlich. Ihr Widerstand steckte tatsächlich in ihren Venen, während sie sich auf den Angriff vorbereitete. »Was passiert jetzt gerade in Ihrem Körper?«, fragte ich. »Ich bin angespannt, ich wappne mich gegen den Einstich«, antwortete sie.

»Okay, und jetzt versuchen Sie, sich auf Ihren Atem zu konzentrieren.
Denken Sie nicht an Ihre Verkrampfung, atmen Sie. Richten Sie die Aufmerksamkeit auf Ihre Mitte. Atmen Sie tief ein und aus.« Ich sprach ihr
weiter freundlich zu. »Gracie, das ist beängstigend, aber Sie sind nicht
allein. Viele Menschen haben Angst vor dem Krankenhaus. Sie werden
es schaffen, so wie Sie auch andere Situationen bewältigt haben. Welche
Möglichkeiten haben Sie? Wenn Sie Widerstand leisten, verstärken Sie
Ihren Schmerz, aber wenn Sie sich der modernen Medizin anvertrauen,
wird es einfacher. Wollen Sie sich verkrampfen oder sich der Situation
überlassen? Sie haben die Wahl. Was möchten Sie tun?«

»Ich möchte mich besser fühlen, nicht so schlecht.«

»Okay, Sie haben die Macht, es zu akzeptieren und ohne Widerstand weiterzumachen«, redete ich ihr zu. »Sagen Sie zu sich selbst: »Atme, Schatz.
Es wird alles gut. Du kannst den Menschen hier vertrauen, sie wollen
dir helfen. Du hast die Macht, alles schlechter oder besser zu machen.«
Gracies Körper entspannte sich. Sie sagte zu sich selbst: »Ja, ich kann das.
Ich bin bereit dazu. Ich kann das Schlimme noch schlimmer oder besser
machen. Diese Macht habe ich.« Und sie atmete ganz lang aus.

Zwei Wochen später bekam ich eine E-Mail von Gracie mit einem Foto
ihres neugeborenen Babys. Sie hatte sich einem Notkaiserschnitt unterziehen müssen und schrieb mir: »Ich habe akzeptiert, was passierte, und
ich wusste, dass ich die Wahl hatte, wie ich damit umging.« Jetzt hat sie
einen süßen kleinen Jungen.

VON CHRONISCHEM WIDERSTAND ZU EINER NEUEN LEBENSWEISE

Der 52-jährige Bruce war voller Dankbarkeit, nachdem wir unsere letzte Sitzung beendet hatten. Er war nicht nur dankbar, dass er sich geerdet, friedvoll und glücklich fühlte (was am Anfang unserer Arbeit nicht der Fall gewesen war), sondern er war auch dankbar, dass er ein Alkoholiker war. Der Lauf seines Lebens hatte sich verändert, nachdem er mit der Intensität einer festen Umarmung akzeptiert hatte, dass er Alkoholiker war.

Ursprünglich war Bruce zu mir gekommen, nachdem seine Frau ihn verlassen hatte. Sie war durch die vielen Nächte, in denen er betrunken das Bewusstsein verloren hatte, am Ende ihrer Kräfte. Bruce war den größten Teil seines Erwachsenenlebens ein starker Trinker gewesen. Er wusste, dass es zu spät war, seine Ehe zu retten, aber er hoffte, dass es nicht zu spät war, sich selbst zu retten. Seine Worte waren: »Ich habe ein Problem mit Alkohol, und ich kann einfach nicht aufhören zu trinken.«

Damit hatte Bruce schon einen wichtigen Schritt getan. Er hatte seinen Widerstand abgelegt und gestand ein, dass er ein Problem mit Alkohol hatte. So fiel es ihm auch leicht, Selbstmitgefühl zu empfinden. Er spürte Trauer, Verlust und Sehnsüchte.

»Aber was jetzt?«, fragte er. Was konnte er tun? Er konnte einfach sagen »Ja, ich bin Alkoholiker« und weitermachen – schließlich hatte er akzeptiert, dass er ein Trinker war. Vielleicht gab es aber auch eine andere Möglichkeit.

Der Sinn von Selbstmitgefühl ist nicht, sich selbst zu verhätscheln oder sich die Erlaubnis zu selbstzerstörerischem Verhalten zu geben. Es ist keine Lizenz, zu tun, was man will und wann immer man es will. Man kann Mitgefühl mit dem Kind haben, das bei Eiseskälte keinen Mantel anziehen will, aber man würde trotzdem darauf bestehen, dass es das tut.

Bruce half die AVS-Praxis, neue Möglichkeiten zu sehen. Er nahm sein Leiden wahr (»Das ist wirklich schwer, du trinkst einfach immer weiter zu viel, auch wenn du denkst, du kannst aufhören, und jetzt hast du deine Frau verloren.«). Er verband sich mit der Erfahrung vieler anderer. (»Du bist nicht der Erste, der Probleme mit Alkohol hat.«) Und sein freundliches Selbstgespräch inspirierte ihn zu einer Veränderung. (»Okay, Bruce, du bist Alkoholiker. Ja, das ist hart. Aber was willst du dagegen tun? Du kannst das verändern, aber du brauchst es nicht allein zu tun. Du kannst dir Hilfe holen.«) Manchmal kann sich ein freundliches Selbstgespräch anfühlen, als hätte man jemand an seiner Seite, der einen ermutigt und unterstützt wie ein Freund.

Nachdem Bruce sich mit der Möglichkeit angefreundet hatte, sein Problem nicht aus eigener Kraft zu lösen, öffnete er sich für die Teilnahme an einem Treffen der *Anonymen Alkoholiker*. Er konnte es nicht ändern, dass er Alkoholiker war, aber er konnte seine Reaktion darauf ändern. Seine innere Reise erweiterte sich zu einer äußeren Reise, und seine Lebensumstände begannen sich zu verändern. Innerhalb von ein paar Wochen schaffte er es, nicht mehr zu trinken, und nahm aktiv am Gesundungsprogramm teil. Bruces Happy End begann damit, dass er sich selbst akzeptierte und seine Situation annahm. Dadurch war er in der Lage, eine neue Möglichkeit zu sehen: Er hatte nun die Wahl, sein Leben in neue Bahnen zu lenken.

Wenn Sie Ihre Situation nicht verändern können, akzeptieren Sie sie, und es wird sich eine Welt neuer Möglichkeiten eröffnen. Wenn sich eine Tür schließt, sehen Sie sich nach einem Fenster um.

>> *Selbstmitgefühl ist keine Lizenz, zu tun, was man will und wann immer man es will.* <<

EINEN VERLUST ÜBERWINDEN

In den 1990er-Jahren schrieb ich mein erstes Buch, *Trancending Loss* (das ich ursprünglich »Suchen Sie nach dem Fenster« nennen wollte). Mein Hauptinteresse galt der Frage, warum manche Menschen nach einem großen Verlust Resilienz zeigen und in der Lage sind, dem Geschehen einen Sinn zu geben und zu wachsen, während andere bitter und depressiv werden. Ich fand heraus, dass man sich für Transzendenz genau wie für Akzeptanz entscheiden kann. Wenn ein Trauernder seine schmerzlichen Gefühle akzeptiert, eröffnet das Raum für Liebe, und mit der Liebe kommt die Hoffnung. Transzendenz ist eine Wahlmöglichkeit, um dem Verlust einen Sinn zu geben, auch wenn man traurig und verzweifelt ist.

Ebenfalls in den 1990er-Jahren entwickelten die Psychologen Richard G. Tedeschi und Lawrence G. Calhoun das Konzept des »posttraumatischen Wachstums«. Damit erklären sie, wie Menschen, die unter einer starken psychischen Belastung leiden, emotionales und persönliches Wachstum erfahren können. Sie beobachteten genau wie ich, dass durch starkes Leid oft große positive Veränderungen in Gang gesetzt werden.

192

Emily ist eine Frau mittleren Alters, deren Sohn Selbstmord verübt hat, nachdem er mit einer posttraumatischen Belastungsstörung aus dem Kriegseinsatz im Irak zurückgekommen war. Emily durchläuft den Prozess vom **Widerstand** (Sie wacht auf und denkt *Nein, er kann nicht tot sein.*) über die **Annahme** *(Ja, er ist tot.)* zu **neuen Möglichkeiten** *(Wie kann ich seinem Andenken heute Ehre erweisen?).*

Sie ist aktiv in einer Organisation trauernder Eltern, *The Compassionate Friends,* und berät dort andere Mütter. Außerdem arbeitet sie bei der Organisation *American Gold Star Mothers* mit, in der sich Mütter zusammengetan haben, deren Söhne und Töchter im Dienst der US-amerikanischen Armee umgekommen sind. Und sie verfolgt unermüdlich das Ziel, das Bewusstsein für die Gefahr von Selbstmorden zu erhöhen, vor allem bei Kriegsveteranen.

Würde Emily sofort alle ihre Tätigkeiten wieder aufgeben, wenn ihr Sohn durch ein Wunder wieder zurückkäme? Ja. Aber ist sie entschlossen, ihrer Liebe Raum zu geben und ihren Schmerz in etwas Positives zu verwandeln? Ja.

AKZEPTANZ IST DAS TOR
ZUR VERÄNDERUNG

Wenn ich gefragt werde »Wie kann man denn einfach Ungerechtigkeiten, die Erderwärmung, Armut, Misshandlung, Krieg akzeptieren?«, dann antworte ich, dass Akzeptanz der Ausgangspunkt ist, das Tor zum Wandel. Wir müssen mit dem beginnen, was wir haben. Martin Luther King Jr. sagte: »Dunkelheit kann Dunkelheit nicht vertreiben, nur Licht kann das. Hass kann Hass nicht vertreiben, nur Liebe kann das.« Und ebenso kann Widerstand nicht Widerstand vertreiben, das kann nur Akzeptanz.

Widerstand ist eine Form der Dunkelheit, in der Hass und Angst herrschen. Er ist beschränkt, angespannt, ängstlich und machtlos. Akzeptanz bringt Licht in die Finsternis des Widerstands. Akzeptanz ist nicht nur ein helles Licht, das auf unsere Vergangenheit und Gegenwart scheint, sondern auch ein friedlicher Weg zur Veränderung, und sie führt uns in eine bessere Zukunft.

Widerstand ist ein natürlicher Teil unserer Lebensreise. Aber wenn wir Mitgefühl mit unserem starrsinnigen Zustand aufbringen, wenn wir unser Erleben anerkennen und dann »innehalten, atmen, lächeln«, dann können wir den Raum für Akzeptanz schaffen. In diesem Raum herrschen Weite, Kreativität und Frieden. Dort sind wir frei, unsere Flügel auszubreiten und in die Welt neuer Möglichkeiten zu fliegen. Das ist die Macht der Akzeptanz.

>> *Widerstand kann
Widerstand nicht
vertreiben, das kann
nur Akzeptanz.* <<

AUFWÄRTS- UND ABWÄRTS-SPIRALEN

Manchmal haben wir den Eindruck, als verliefe unsere Lebensreise
in Kreisen. Aber wenn wir älter werden und auf unser Leben zurückblicken, stellen wir fest, dass das, was sich wie Wiederholung anfühlte,
in Wirklichkeit eine spiralförmige Bewegung war. Jede Umdrehung
war eine Bewegung nach oben oder unten, bei der man sich nach
und nach veränderte.

Wir alle wissen, wie etwas in Schwung versetzt wird: Es braucht viel Energie, um die Sache anzustoßen, aber dann bewegt sie sich mit Leichtigkeit
weiter. Ob es spiralförmig aufwärts oder abwärts geht — oft meint man,
das Leben würde sich aus eigener Kraft bewegen.

Doch oft ist uns gar nicht bewusst, wie sehr unsere Lebenseinstellung
diese Art der Bewegung beeinflusst. Als ich in einer psychiatrischen Klinik
in New York City arbeitete, wurde einer Freundin gekündigt. Ich ging in
ihr Büro und sagte: »Janet, es tut mir so leid, dass dir das passiert ist. Aber
vielleicht wirst du eines Tages zurückblicken und sehen, dass es irgendwie
zu deinem Besten war.«

Janet lachte. »Ich weiß nicht, ob es aus einem guten Grund geschehen ist, aber ich werde dafür sorgen, dass es sich für mich als gut herausstellt.«

Die Leichtigkeit, mit der sie die Situation akzeptierte, und Janets optimistische Haltung beeindruckten mich. Sie gaben den Impuls für eine positive Veränderung, eine Aufwärtsspirale in ihrem Lebensweg. Janet war entschlossen, nach den Gelegenheiten Ausschau zu halten, die sich bieten würden. Hätte sie ihre Kündigung für das allerschlimmste Ereignis gehalten und sich davon deprimieren lassen, wäre der dadurch entstehende Schwung der Beginn einer Abwärtsspirale gewesen.

> **»Nichts ist entweder gut oder schlecht, nur das Denken macht es dazu.«**
>
> WILLIAM SHAKESPEARE

GEPRÄGTE ZELLEN

In dem Film *Ich weiß, dass ich nichts weiß!* beschreibt Dr. Joe Dispenza, wie wir unseren Körper im wahrsten Sinne des Wortes programmieren. Wenn eine neue Zelle entsteht, ist sie nicht unbedingt eine genaue Nachbildung der alten Zelle, denn sie enthält Rezeptoren für die Peptide, die sie gerade aufgenommen hat, um die Teilung auszulösen. Wird die Zelle nun von »negativen« Peptiden überflutet — zum Beispiel bei einer Depression —, hat die neue Zelle mehr Rezeptoren für das mit Depressionen zusammenhängende Peptid. Was Sie denken und fühlen, hat insofern Einfluss auf die zelluläre Ebene. Ihre aktuelle Haltung zum Leben erschafft den Schwung für Ihre Zukunft.

Was Sie in diesem Moment denken, glauben und fühlen, wird mit jedem folgenden Moment realer. Wir können Konflikte oder Frieden schaffen.

Die Vorstellung des Schwungs, den wir selbst in eine Richtung lenken, treffen wir in mehreren Konzepten an. Es geht nicht darum, was Ihnen zustößt, sondern wie Sie mit dem umgehen, was Ihnen zustößt. Die Psychologin Kelly McGonigal erklärt in *The Upside of Stress,* ihrem TED-Global-Vortrag von 2013, dass es nicht der Stress selbst ist, der Herzinfarkte auslöst, sondern die Einstellung zum Stress. Wenn man glaubt, dass der Stress schlecht fürs Herz ist — mit anderen Worten, wenn man dem Stress Widerstand entgegensetzt —, dann ist es wahrscheinlich, dass er dem Herzen schadet. Sieht man Stress jedoch als etwas Vorteilhaftes an, was einem Energie gibt und einen motiviert — nimmt man ihn also mit einer positiven Haltung an —, dann kann Stress tatsächlich die Reaktionen auf die Herausforderungen des Lebens stärken.

Was hat die »Macht des positiven Denkens« mit Akzeptanz und Selbstmitgefühl und neuen Möglichkeiten zu tun? Nun, wenn Sie Mitgefühl mit Ihrem eigenen Leiden haben und Ihr Herz für Ihren eigenen Widerstand geöffnet haben, um das, was ist, anzunehmen, dann wird positives Denken zu Ihrer natürlichen Haltung. Sie sind offen für neue Möglichkeiten.

Bereit für eine Veränderung?

Hier sind drei Fragen, die Ihnen helfen sollen, die Dinge aus einer neuen Perspektive zu sehen und so aktiv die Veränderung vom Widerstand zur Annahme und zu neuen Möglichkeiten in Gang zu setzen:

* Was für ein Mensch möchte ich sein in meiner Reaktion auf das, was geschieht?

* Wie können die Dinge eher *für mich* passieren, als dass sie mir zustoßen?

* Was ist die höhere Einladung für mich? Werde ich eingeladen, zu wachsen oder zu reagieren?

MÖGLICHKEITEN UND DANKBARKEIT

Aus der Perspektive von Akzeptanz kann man seinen Blick auf das Gute im Schlechten richten, auf die Blumen mitten im Unkraut. Wenn wir unsere Lebensumstände annehmen, haben wir die Freiheit, den Scheinwerfer unserer Aufmerksamkeit auf das zu richten, wofür wir dankbar sind, auf das, was funktioniert, anstatt nur auf das, was nicht funktioniert.

Dale, eine Witwe, half sich mit Dankbarkeit, um ihren Kummer zu ertragen. Sie war nicht dankbar dafür, dass ihr Ehemann unerwartet verstorben war, aber sie war dankbar für die vielen liebevollen Jahre, die sie zusammen hatten. Sie war dankbar dafür, dass er ihr Ehemann gewesen war und ihr Leben mit so vielen glücklichen Momenten bereichert hatte.

Um Trauernden einen Weg zur Dankbarkeit zu eröffnen, stelle ich ihnen manchmal folgende Frage: »Wenn ich einen Zauberstab hätte und könnte damit Ihren Schmerz und Ihre Trauer beseitigen, gleichzeitig wären aber all Ihre Erinnerungen an die geliebte Person ausgelöscht, würden Sie das wollen?« Fast alle sagen nein. Lieber möchten sie den Schmerz des Verlusts ertragen, um die wertvollen Erinnerungen zu behalten.

Dale war nicht nur für ihre Vergangenheit dankbar, sondern auch dafür, wie sich ihr Leben während ihrer Trauer entwickelt hatte. Sie hatte sich mit anderen Witwen getroffen und Erfahrungen ausgetauscht, und sie hatte auf Trauer-Websites ihre »Schmerz-Gedichte« veröffentlicht, die andere Trauernde tief berührt hatten. Drei Jahre nach dem Tod ihres Ehemanns verspürte Dale mehr Großzügigkeit, Spiritualität und Mitgefühl mit sich selbst und anderen als vor ihrem Verlust.

Dankbarkeit ist ein mächtiges Hilfsmittel, um Schmerz in etwas Positives zu verwandeln. Und wenn man Dankbarkeit mit Akzeptanz verbindet, werden neue Möglichkeiten sichtbar.

Oft erscheint Dankbarkeit aber zunächst unmöglich. Manchmal ist dann Neugier das Beste, was wir aufzubringen in der Lage sind. Fragen Sie sich selbst: »Ich wüsste gern, wie das zu etwas Gutem führen soll?« Oder: »Wenn alles so ist, wie es sein soll, bin ich neugierig, was dabei herauskommen wird.« Oder: »Ich frage mich, was noch auftauchen wird, für das ich dankbar sein kann.« Oder: »Wieso stößt mir das zu, anstatt dass es für mich geschieht?« In jeder Situation sind Lektionen enthalten — wir müssen uns nur entspannen und sie erkennen.

> *» Dankbarkeit ist ein mächtiges Hilfsmittel, um Schmerz in etwas Positives zu verwandeln. «*

DER NÄCHSTE SCHRITT

Kein Buch über Akzeptanz wäre vollständig ohne Überlegungen zu dem allen Menschen gemeinsamen Schicksal: dem Tod. Ja, wir können dem Tod Widerstand entgegensetzen und so tun, als würde er nie eintreten. Wir können seine Unvermeidlichkeit mit einem Nicken akzeptieren und ihn dann vergessen. Oder wir können gen Himmel lächeln und unser Schicksal freudig umarmen. So oder so, der Tod kommt auf jeden Fall. Wer aber sein Schicksal begrüßt und den Tod akzeptiert, befreit sich von der unterschwelligen Angst und kann im Bewusstsein seiner Sterblichkeit seinem Leben Sinn geben. In der vollständigen Akzeptanz unserer Sterblichkeit liegt die größte Freiheit überhaupt.

In seinem Bestseller *Die sieben Wege zur Effektivität: Prinzipien für persönlichen und beruflichen Erfolg* gibt Stephen Covey dem zweiten Weg den Titel: »Schon am Anfang das Ende im Sinn haben«. Er rät, am Beginn einer Aufgabe oder eines Projekts schon eine klare Vision des erwünschten Ziels vor Augen zu haben und dann auf diesen Punkt hinzuarbeiten.

Covey schlägt für diesen Weg unter anderem vor, sich sein eigenes Begräbnis vorzustellen und sich zu überlegen, was die Menschen dort über einen sagen könnten. So kann man sein eigenes Leben bis zum gegenwärtigen Moment einschätzen. Wer seinen Tod akzeptiert, gewinnt einen klaren Blick auf das Leben, und man kann Coveys Rat mit den Worten ergänzen: »Jeden Tag mit dem eigenen Tod im Sinn beginnen«. Das Bewusstsein, dass die Tage jedes Lebens gezählt sind, macht jeden dieser Tage wertvoll. Würden Sie nicht auch am Ende gern sagen können »Ich habe mein Leben genossen und meine Zeit genutzt. Ich hatte ein wunderbares, reiches, erfülltes Leben«? Können Sie sich mit dem Tod anfreunden, neben ihm als Katalysator für *carpe diem,* für Liebe, für Akzeptanz leben? Würde das dazu führen, Ihr Leben intensiver zu leben?

>> *In der vollständigen Akzeptanz unserer Sterblichkeit liegt die größte Freiheit überhaupt.* <<

WIE WIRD IHR TODESTAG AUSSEHEN?

Ich saß neben seinem Bett — seinem Sterbebett. Ralph und ich hatten uns nur zweimal gesehen; er wusste, dass er im Sterben lag und war froh, darüber reden zu können. Bevor ich ehrenamtlich im Hospiz arbeitete, hatte ich angenommen, dass alle Patienten dort über das Sterben sprechen wollten. Aber das war nicht der Fall. Sie wollten über das Wetter sprechen, über ihre Familien, über ihr Leben, aber nicht über ihr Sterben. In unseren westlichen Gesellschaften ist der Tod ein Tabuthema, sogar auf dem Sterbebett.

Ralph war 84 Jahre alt und hatte sein Schicksal angenommen. Er glaubte, dass er im himmlischen Königreich von einem Chor singender Engel begrüßt werden würde. Er sagte: »Es macht mir nichts aus zu sterben, aber ich wünschte, dass mir meine Sterblichkeit stärker bewusst gewesen wäre, als ich jung war.«

»Wirklich?«, gab ich zurück. »Wie meinen Sie das?« — »Ich meine, natürlich habe ich immer gewusst, dass ich sterben würde. Aber ich habe nie so gelebt, als wenn ich sterben würde.«

»Was hätten Sie denn sonst anders gemacht?«, fragte ich. — »Ich hätte mir nicht so viele Sorgen gemacht, das ist mal klar«, antwortete er wehmütig. »Das war alles eine sinnlose Verschwendung wertvoller Zeit.« Ich wartete ab, ob er sich noch mehr Überlegungen gemacht hatte.

»Und ich hätte mir mehr schöne Zeiten gemacht, glaube ich. Ich hätte mehr gespielt, mich mehr entspannt. Und vielleicht hätte ich auch anderen mehr verziehen. Alle haben nur ihr Bestes getan. Aber andererseits, so war ich eben.«

Leben —
der Gedankenstrich auf
ihrem Grabstein zwischen
Geburtsdatum und Todes-
tag. Wie füllen Sie diesen
Gedankenstrich?

Ralph hatte seine Situation so akzeptiert, wie sie eben war. Seine Worte waren ein wunderschönes Beispiel für Mitgefühl mit sich selbst und anderen. Zu akzeptieren, dass man sterben wird, ist eine Sache, aber sich durch das Bewusstsein der eigenen Sterblichkeit zu Vitalität inspirieren zu lassen, ist der höchste Grad der Freiheit.

Eine Woche nach meinem Gespräch mit Ralph rief mich mein Koordinator im Hospiz an, um mir zu sagen, dass Ralph friedlich eingeschlafen war. Ich sann darüber nach, wie er mir gezeigt hatte, mit Akzeptanz zu leben und würdevoll und ohne Bitterkeit oder Groll zu sterben.

Trotz all seiner Mühen ist das Leben ein Geschenk. Und wenn man es vor dem Hintergrund unserer Sterblichkeit sieht, wird einem klar, dass die Zeit, sich den Möglichkeiten des Lebens zu öffnen, genau in dieser Minute ist.

Auf einer Plakette in den Katakomben einer Kirche in Rom steht in fünf Sprachen geschrieben: »Was ihr jetzt seid, waren wir; was wir jetzt sind, werdet ihr sein.«

POWER-WERKZEUGE

HAUPTWERKZEUG: DIE FREUDE SUCHEN

Dankbarkeit hebt Akzeptanz auf eine höhere Stufe, daher ist es gut, seinen »Dankbarkeitsmuskel« zu üben. In dem 1913 erschienenen Kinderbuch *Pollyanna* von Eleanor Porter spielt die Hauptfigur Pollyanna das »Such-die-Freude-Spiel«. Es hilft ihr, an etwas Positives zu denken, wenn sie sich in einer unangenehmen Situation befindet oder sich nicht wohlfühlt. Von diesem Spiel können wir alle profitieren.

Nehmen Sie sich einen Moment Zeit und denken Sie an fünf Dinge, für die Sie im Moment gerade dankbar sind. Sie müssen Ihrem Erfahrungs-bereich entnommen sein oder sich in Sichtweite befinden. Für mich wären das zum Beispiel jetzt, während ich dies schreibe: »Ich bin froh, dass ich Strom habe.« – »Ich bin froh, dass ich eine Heizung habe (draußen ist es eiskalt).« – »Ich bin froh, dass mein süßer Hund neben mir auf dem Fuß-boden liegt und ich ihn schnarchen höre.« – »Ich bin froh, dass ich heute Abend mit meinem Mann zum Abendessen verabredet bin.« – »Ich bin froh über den bequemen Bürostuhl mit der perfekten Lendenwirbelstütze, während ich vor meinem Computer sitze.» – »Ich bin froh, dass mein Computer ohne Probleme arbeitet« usw.

Sie können es auch andersherum machen und an etwas denken, über das Sie froh sind, es gerade nicht zu haben. Zum Beispiel: »Ich bin froh, dass ich nicht im Krankenhaus bin.« – »Ich bin froh, dass mein Auto keinen Platten hat.« – »Ich bin froh, dass ich keine Zahnschmerzen habe.« – »Ich bin froh, dass ich nicht obdachlos bin.« – »Ich bin froh, dass ich nicht draußen bin und Schnee schaufele.«

Wenn man sich von einer Warte der Akzeptanz auf Freude konzentriert (über etwas, das ist, oder etwas, das nicht ist), wird das Gefühl der Dankbarkeit dem Leben gegenüber größer und neue Möglichkeiten werden deutlich. Während Sie etwas sagen, worüber Sie sich freuen, schließen Sie kurz die Augen und atmen Sie diese Freude ein. Lassen Sie die Freude in Ihr Bewusstsein einsinken, lassen Sie sie sich in Ihren Knochen ausbreiten. Fühlen Sie die Freude. Genießen Sie sie. Absorbieren Sie sie. Seien Sie glücklich darüber.

BONUS-WERKZEUG:
BEGEGNUNG MIT DEM ZUKÜNFTIGEN SELBST

Machen Sie sich bewusst, wie viel Mühe Sie in Ihrem momentanen Leben haben. Stellen Sie sich nun ein Bild Ihres zukünftigen Selbst vor (zehn Jahre später), das Ihnen gegenüber im selben Raum sitzt. Wie sehen Sie aus? Wie stehen oder sitzen Sie? Was haben Sie an? Lassen Sie Ihr zukünftiges Selbst Ihr heutiges, sich abmühendes Selbst beobachten. Fragen Sie Ihr zukünftiges Selbst: »Was hältst du von mir? Was fällt dir auf? Worauf sollte ich in meinem Leben jetzt gerade achten? Welchen Rat kannst du mir geben?« Hören Sie, was Ihr zukünftiges Selbst Ihrem jetzigen Selbst sagen möchte. Atmen Sie ruhig und warten Sie auf die Antworten aus Ihrem Innern. Welche Möglichkeiten schweben zwischen Ihrem jetzigen und Ihrem zukünftigen Selbst?

BONUS-WERKZEUG: VISUALISIERUNG

Sich vorzustellen, an einem behaglichen, ruhigen Ort zu sein, erzeugt innerliche Ruhe als Grundlage für Kreativität, Einsicht und neue Möglichkeiten.

Schließen Sie die Augen und denken Sie an einen besonderen Ort, entweder einen real existierenden oder einen vorgestellten, an dem Sie sich vollkommen wohl und entspannt fühlen. Vielleicht ist es ein Zimmer in Ihrem Kindheitszuhause, Ihre liebste Ferienunterkunft, ein tropischer Strand oder ein Moosfleck in einem Wald im Sommer. Nehmen Sie die Geräusche, die Farben, die Materialien, die Gerüche oder andere Eindrücke um Sie her wahr. Atmen Sie tief den Duft des Ortes ein. Lächeln Sie, während Sie es genießen, sich an diesem entspannenden, beglückenden Ort aufzuhalten. Fühlen Sie, wie sein Zauber Sie umgibt. Lassen Sie Ihr Glück an diesem Ort zu. Dieser Ort tiefster Zufriedenheit und Akzeptanz ist der Geburtsort neuer Möglichkeiten.

EPILOG

»Sei du selbst die Veränderung, die du dir wünschst für diese Welt.«

MAHATMA GANDHI

Ich beginne jede Sitzung mit meinen Klienten mit einer kurzen Achtsamkeitsmeditation. Wir schließen beide die Augen, und ich sage: »Entspannen Sie in diesem Moment, nehmen Sie Ihren Atem wahr, wie er einströmt und wieder ausströmt, lassen Sie Ihren Körper im Jetzt ruhen. Sie sind hier. Lassen Sie sich sanft in dem sein, was ist, wie es ist, in diesem einmaligen Moment in der Zeit.« Dann schlage ich dreimal eine tibetische Klangschale an und sage dabei »Atmen Sie den Klang ein«, und wir lauschen dem letzten Ton, wie er langsam ausklingt.

Meine Klienten lieben dieses Ritual, und sogar mein Hund scheint den Klang einzuatmen. Dieses einfache Ritual dient mehreren Zwecken: Es läutet eine Pause in der Hetze eines geschäftigen Tages ein. Es verbindet unsere Energien, da mein Klient und ich unsere Sitzungen auf die gleiche Art beginnen. Und es gibt mir die Gelegenheit, eine Botschaft des Mitgefühls und der Akzeptanz zu senden. Auch wenn ich keins dieser Worte in der Meditation verwende, sind diese Vorstellungen doch vorhanden.

Wie Sie nach der Lektüre dieses Buches wissen, sind Selbstmitgefühl und Akzeptanz die Bausteine eines glücklicheren, friedlicheren Lebens. Wenn Sie sich auf dem Floß nicht urteilender Akzeptanz fortbewegen, dann gleiten Sie mit dem Strom dessen, »was ist«.

Nachdem ich das letzte Jahr beim Schreiben dieses Buches in die Praxis der Akzeptanz versunken war, bin ich mehr denn je von deren Macht überzeugt. Diese Arbeit hat mein eigenes Leben beeinflusst, ich habe mich auf eine bedingungslose Akzeptanzreise begeben, mich von Widerstand über Annahme zu neuen Möglichkeiten bewegt. Ich bin in Selbstmitgefühl eingetaucht und habe über den Prozess nachgedacht. Immer wieder ließ ich mich auf meine Neugier ein, eingehüllt in die Wärme aktiver Akzeptanz.

Akzeptanz ist die Brücke, die vom Leiden zum Erwachen führt, zum Land des inneren Friedens und persönlicher Wandlung.

SAG EINFACH JA

In dem Film *Der Ja-Sager* von 2008 spielt Jim Carrey Carl, einen Mann, der von einem Guru inspiriert wird, nur noch Ja zu sagen – zu allem. Carl sagt Ja zu dem Obdachlosen, der im Auto mitgenommen werden möchte. Er sagt Ja zu der Frau, die ihm anbietet, ihn auf ihrem Motorroller mitzunehmen. Sein sich selbst gegebenes Versprechen, nur noch Ja zu sagen, ist der Beginn einer Reihe von Abenteuern und führt zum Schluss auch zu einer neuen Liebe und positiven Veränderungen in Carls Leben.

Selbstakzeptanz ist für mich schon immer eine hilfreiche Strategie gewesen, aber ich fragte mich, wie es wäre, wenn ich alles akzeptierte. Könnte ich das in die Tat umsetzen? Welche Kämpfe würde ich auszutragen haben, wenn ich in den Winkeln meines Lebens Frieden suchen würde, denen ich bisher Widerstand entgegengesetzt hatte?

Ich nahm die Herausforderung an und sagte »Ich akzeptiere« zu Verspätungen, Terminverschiebungen und Autofahrern, die mich schnitten. Ich akzeptierte meinen Widerstand, als ich erfuhr, dass bei meinem Vater Prostatakrebs festgestellt worden war. Ich akzeptierte mich selbst auf jedem Abschnitt der Reise, immer mit dem Ziel, alles anzunehmen. Der Sohn kommt Weihnachten nicht nach Hause? Ich akzeptiere. Ein Schneesturm im Februar? Akzeptiert. Magen-Darm-Grippe? Akzeptiere ich. Die Schwiegertochter hat eine Notoperation? Akzeptiert.

Manchmal waren meine Reaktionen auf die Herausforderungen des Lebens von Frustration, Trauer, Ärger oder Angst begleitet. Auch das akzeptierte ich. Ja zum Akzeptieren zu sagen hieß, meinen Schmerz mit Freundlichkeit mir gegenüber anzunehmen. Oh, und wie viele Möglichkeiten bietet das Leben, das zu üben!

Heute kann ich Folgendes sagen: Ein ganzes Jahr lang Akzeptanz als angestrebtes Ziel im Kopf zu haben, Akzeptanz als Leitgedanken zu übernehmen, führte zu einer grundlegenden und merklich positiven Veränderung in meinem Leben. Sich danach zu richten, war nicht immer leicht, und es gelang nicht immer sofort. Glücklicherweise hatte ich Selbstmitgefühl als freundlichen Begleiter, das mir half, mein Bemühen anzuerkennen, mich mit anderen zu verbinden, die mein Erleben teilten, und freundlich mit mir zu sprechen. Am Ende war ich fähig, die Reise anzunehmen, wie schwer sie auch war, und mich immer, einen Moment nach dem anderen, um mich selbst zu kümmern.

Auf dem Weg merkte ich, dass kleinste Veränderungen in meinem Widerstand zu größeren Veränderungen führten. Mein Herz öffnete sich nach und nach, und bei jeder neuen Herausforderung fiel es mir etwas leichter, sie anzunehmen. Ich konnte immer entspannter mit den Ereignissen zurechtkommen, ohne noch viel Widerstand zu leisten. Das Leben verlief in einem ruhigen Fluss, und unerwartet entfaltete sich Glück dort, wo ich es vorher nicht vermutet hatte.

Und wenn Sie den Prozess der Akzeptanz einüben, denken Sie daran, dass Akzeptanz nicht heißt, dass Sie das mögen, was Sie akzeptieren. Akzeptanz heißt auch nicht, dass keine Veränderung möglich ist. Akzeptanz heißt, dass Sie entspannt ohne Kampf den Moment annehmen. Wenn Sie den Schmerz akzeptieren, verringern Sie das Leiden. Wenn Sie mit Mitgefühl zulassen, was ist, dann haben Sie die Freiheit, sich der Zukunft zuzuwenden.

>> Der tiefe Friede wogender Wellen
sei mit dir.

Der tiefe Friede einer leichten Brise
sei mit dir.

Der tiefe Friede der stillen Erde
sei mit dir.

Der tiefe Friede der funkelnden Sterne
sei mit dir. <<

GÄLISCHER SEGENSSPRUCH

DIE KUNST UND WAS SIE VERMAG

Die Kunst der Akzeptanz offenbart sich in den Entscheidungen, die Sie auf Ihrer Reise treffen. Wie setzen Sie sich mit Ihrem eigenen Widerstand auseinander? Wie mitfühlend sind Sie mit sich selbst? Fällt es Ihnen leicht, Dinge anzunehmen? Fühlt es sich für Sie richtig an, etwas einfach »zuzulassen«, oder möchten Sie es vollständig annehmen und noch einen Schritt weitergehen? Wie Sie den Prozess durchlaufen, hängt von Ihrem individuellen Hintergrund, Ihren Bedürfnissen und Ihrer Persönlichkeit ab.

Die Macht der Akzeptanz verhilft Ihnen zu innerem Frieden und neuen Möglichkeiten. Wenn Sie sich von einer geschlossenen Tür zu einer offenen Tür bewegen, eröffnet sich Ihnen eine neue Welt. Mit dem Akzeptieren Ihres Selbst, anderer Menschen, Ihrer Umstände und Ihrer Vergangenheit, werden Sie frei ... freier, als Sie es je für möglich gehalten hätten.

Selbstmitgefühl ist der Schlüssel, um die Macht der Akzeptanz zu verstärken und zu erweitern. Warum? Wenn Sie sich selbst und jedem Ihrer Gefühle mit Selbstmitgefühl begegnen, schwindet Ihr Widerstand dahin, und Sie treten in eine andere Beziehung zu Ihrer Welt. Sie haben dann ganz von selbst mehr Mitgefühl mit allen Wesen. Dadurch fühlen Sie sich tief verbunden mit allem, was ist, genau so, wie es ist. Manche nennen das Erleuchtung, manche bezeichnen es als Erweckung, manche sagen, es ist einfach nur Akzeptanz.

Ihre Zeit ist jetzt. Genießen Sie sie. Leben Sie sie. Lieben Sie sie. Akzeptieren Sie sie.

>> *Möge Ihre Reise zur Akzeptanz
ein Tor zu einer höheren Stufe sein.* <<

KURZ GEFASST

Was Akzekptanz nicht ist:

1

Akzeptanz ist nicht das Gleiche wie Apathie.

2

Akzeptanz bedeutet nicht, die Hoffnung aufzugeben.

3

Akzeptanz ist keine Schwäche.

4

Akzeptanz bedeutet nicht, dass das, was geschehen ist, in Ordnung oder gut ist.

5

Akzeptanz heißt nicht, dass es keine Veränderung geben kann.

**Was
Akzeptanz
ist:**

1

Bei Akzeptanz geht
es darum, Wider-
stand aufzugeben.

2

Akzeptanz
öffnet eine Tür
zu mehr.

3

Akzeptanz
bringt Energie zum
Fließen.

4

Akzeptanz
ist der Weg zu innerem
Frieden.

5

Akzeptanz
ist Freiheit.

LITERATURHINWEISE

Brach, Tara, *Mit dem Herzen eines Buddha. Heilende Wege zu Selbstakzeptanz und Lebensfreude*, O. W. Barth, München 2013

Brown, Brené, *Verletzlichkeit macht stark. Wie wir unsere Schutzmechanismen aufgeben und innerlich reich werden*, Goldmann, München 2017

Bush, Ashley Davis, *Gelassenheit to go. Im Handumdrehen entspannt*, Knaur, München 2014

Bush, Ashley Davis, *Hope and Healing for Transcending Loss: Daily Meditations for Those Who Are Grieving*, Conari Press, Newburyport, MA, 2016

Bush, Ashley Davis, *Das kleine Buch der Ruhe und Gelassenheit. Ganz entspannt die Stürme des Alltags meistern*, Heyne, München 2017

Bush, Ashley Davis, *Transcending Loss: Understanding the Lifelong Impact of Grief and How to Make it Meaningful*, Berkley Books, New York 1997

Capretto, Lisa, »Eckhart Tolle Explains the Secret to Stress-free Living« (Aufzeichnung des Interviews mit Oprah Winfrey für *Super Soul Sunday*), *HuffPost*, https://www.huffingtonpost.com/2014/02/06/eckhart-tolle-stress_n_4732441.html, 2. Juni 2014, aktualisiert 6. Juni 2014 (Stand Oktober 2018)

Covey, Stephen R., *Die sieben Wege zur Effektivität: ein Konzept zur Meisterung Ihres beruflichen und privaten Lebens*, Gabal, Offenbach 2018

Davidson, Richard J., und Begley, Sharon, *Warum regst du dich so auf? Wie die Gehirnstruktur unsere Emotionen bestimmt*, Goldmann, München 2017

Desmond, Tim, *Self-compassion in Psychotherapy: Mindfulness-based Practices for Healing and Transformation*, W W Norton, New York 2016

Desmond, Tim, *Die Kunst des Selbstmitgefühls: ein 14-Tage-Programm, um Ihre Beziehung zu sich selbst zu transformieren. Praxisbuch*, Arbor, Freiburg im Breisgau 2018

Germer, Christopher K., *Der achtsame Weg zum Selbstmitgefühl: wie man sich von destruktiven Gedanken und Gefühlen befreit*, Arbor, Freiburg im Breisgau 2015

Gilbert, Paul, und Choden, *Achtsames Mitgefühl: Ein kraftvoller Weg, das Leben zu verwandeln*, Arbor, Freiburg im Breisgau 2014

Graham, Linda, *Der achtsame Weg zu Resilienz und Wohlbefinden: wie wir unser Gehirn vor Stress und Burn-out schützen können*, Arbor, Freiburg im Breisgau 2014

Hanson, Rick, *Das resiliente Gehirn: wie wir zu unerschütterlicher Gelassenheit, innerer Stärke und Glück finden können*, Arbor, Freiburg im Breisgau 2019

Harris, Russ, *Wer dem Glück hinterherrennt, läuft daran vorbei: ein Umdenkbuch*, Goldmann, München 2013

Katie, Byron, *Lieben was ist: wie vier Fragen Ihr Leben verändern können*, Goldmann, München 2002

Korb, Alex, *Die Aufwärtsspirale gegen Depressionen: mit Neurowissenschaften Schritt für Schritt genesen*, Herder, Freiburg/Basel/Wien 2016

Kornfield, Jack, *Wahre Freiheit: der buddhistische Weg, in jedem Augenblick glücklich und geborgen zu sein*, O. W. Barth, München 2018

Lesser, Elizabeth, *Broken Open: How Difficult Times Can Help Us Grow*, Villard, New York 2005

McGonigal, Kelly, *Glücksfaktor Stress: warum Stress uns erfolgreich und gesund macht*, TRIAS, Stuttgart 2018

Neff, Kristin, *Self-compassion: The Proven Power of Being Kind to Yourself*, William Morrow, New York 2015

Neff, Kristin, Germer, Christopher, und Hölzel, Britta, *Achtsames Selbstmitgefühl: wie man sich von destruktiven Gedanken und Gefühlen befreit*, Arbor, Freiburg im Breisgau 2012

Porter, Eleanor, *Pollyanna*, Anaconda, Köln 2018

Prentiss, Chris, *Du bist der Schöpfer jedes Moments: Zen und die Kunst, sein Glück in die eigene Hand zu nehmen*, Lotos, München 2008

Schwartz, Richard C, *Systemische Therapie mit der inneren Familie*, Klett-Cotta, Stuttgart 2018

Siegel, Dan, und Payne Bryson, Tina, *Wie Kinder aufblühen: unterstützen Sie Ihr Kind darin, resilienter, eigenständiger und kreativer zu werden*, Arbor, Freiburg im Breisgau 2018

Taylor, Shelley E., *The Tending Instinct: Women, Men, and the Biology of Nurturing*, Holt Paperbacks, New York 2002

Tedeschi, Richard G., und Moore, Bret A., *The Posttraumatic Growth Workbook: Coming Through Trauma Wiser, Stronger, and More Resilient*, Oakland, CA, 2016, New Harbinger Publications.

Thomas, Claude Anshin, *Am Tor zur Hölle: Der Weg eines Soldaten zum Zen-Mönch*, Theseus, Bielefeld 2013

Tolle, Eckhart, *Leben im Jetzt: das Praxisbuch*, Goldmann, München 2014

Williamson, Marianne, *Rückkehr zur Liebe: Harmonie, Lebenssinn und Glück durch »Ein Kurs in Wundern«*, Goldmann, München 2016

REGISTER

Achtsamkeit 14, 46, 52, 53, 96, 101, 210
Akzeptanz 213–214
Alles-ist-gut-System 40
Am Tor zur Hölle (Thomas) 83
Annehmen 36–40, 44
Atemübunger 45, 144
AVS (Anerkennen, verbinden, freundlich sprechen) 53–62

Begeistert in die Arme schließen 176
Bester Freund, Sie als Ihr eigener 75
Brach, Tara 89, 120
Buddhismus 0, 33, 78, 83, 124, 152, 164

Calhoun, Lawrence G. 192
Chan Khong 33
Covey, Stephen 202–203

Das Gasthaus (Rumi) 67
Davidson, Richard 68
Death to Life 126
Der Ja-Sager 212
Dharamsala-Konferenz (1990) 88
Die sieben Wege zur Effektivität (Covey) 202–203
Dyer, Wayne 5

Edle Wahrheit, Erste 10
Ernährung 110–111

Fallstudien
  Alkoholismus 188–190
  Angstzustände 168–171, 186–187
  Depression 93–95, 166–167
  Gewichtsverlust 93–95
  Groll 112–115
  Krebs 144–145
  Kündigung am Arbeitsplatz 196–197
  Panikattacken 50, 60–63
  Rauchen 174–175
  Scheidung 68, 69–71, 69–74, 118–119
  Sterben 204–205
  Trauer 12–15, 86–87, 112–115, 158–162, 166–167, 193
  Unfruchtbarkeit 140–142
  Untreue 38–42
  Zorn 101–103

Gälischer Segensspruch 215
Gandhi, Mahatma 144
Gehirn
  Ja-Zustand 32
  Nein-Zustand 32
  Stresshormone 33
  Verbundenheit 32, 57
  Wiederholung 96

Hebb, Donald 53
Hinduismus 172–173
Hume, David 132

I Feel Pretty (Krass, bin ich schön!) 90, 91
Ich weiß, dass ich nichts weiß! 198
Immanuel, Leia 91

Ja-Erfahrung 32, 41, 43, 212
Jetzt! Die Kraft der Gegenwart (Tolle) 134
Johnson, Mary 126
Jung, Carl Gustav 34, 210

Kämpfen oder fliehen 32
Karma 176–177
Katie, Byron 138
King, Martin Luther, Jr. 194
Konfuzius 48
Kübler-Ross, Elizabeth 28

Leiden, Definition 33
Lehrer wider Willen 121
Lieben was ist (Katie) 138
Loslassen 44

Macht, höhere 104
McGonigal, Kelly 198
Meditation der liebenden Güte 124–125
Menschlichkeit, geteilte 126
Metta bhavana 124–125
Mit dem Herzen eines Buddha: Heilende Wege zu Selbstakzeptanz und Lebensfreude (Brach) 89, 120
Mitgefühl 65, 70, 72, 79, 82, 122–123, 214
Modell der inneren Familie 100
Möglichkeits-Paradox 41
Mondsüchtig 70

Name it to tame it 55
Neff, Kristin 53, 60
Nein-Zustand verlassen 41, 43
Neuroplastizität 96
Nietzsche, Friedrich Wilhelm 182

Panikattacken 50–51, 60–62, 63
Plato 108
Plum Village 82
Posttraumatische Belastungsstörung
  (PTSD) 82
Power-Werkzeuge
  AVS 76
  Begegnung mit dem zukünftigen Selbst 208
  Bittersüße Erinnerungen 180
  Glas halb voll 128–129
  Herz-Mantra-Übung 107
  Ho'oponopono 130
  Innehalten. Atmen. Lächeln 155
  Leben im Hier und Jetzt 154
  Meditative Betrachtung 46
  Schreibübung 131, 155
  Sich mit allen Sinnen erden 178
  Spiegel-Übung 107
  Such-die-Freude-Spiel 206–207
  Verbindungs-Stretching 179
  Visualisierung 44, 209
  Vorstellungsübung »Mitgefühl empfangen« 78
  Vorstellungsübung »Mitgefühl geben« 79
  Zeitreise 106
Prentiss, Chris 152
Proust, Marcel 22

Reinkarnation 176–177
Resilienz 8, 32, 53
Rogers, Carl 80
Rückkehr zur Liebe (Williamson) 127
Rumi 11

Salzberg, Sharon 88
Schwartz, Richard C. 100
Segen 148–149
Seil 10–11, 33
Selbst, wahres 90
Selbstliebe, extreme 104
Shakespeare, William 197
Sich selbst erfüllende Prophezeiung 153

Siegel, Dan 32, 55
Spiralen 196–197
Suchen Sie nach dem Fenster (Bush) 192

Taylor, Shelley E. 57
TED-Vorträge 96, 198
Tedeschi, Richard G. 192
The Tending Instinct (Taylor) 57
The Upside of Stress (TED) 198
Thich Nhat Hanh 82
Thomas, Claude Anshin 82–84, 98, 164
Thoreau, Henry David 156
Tolle, Eckhart 134
Transcending Loss (Bush) 192

Umstände, unvermeidbare 136, 137
Und-was-jetzt-Phase 41

Verbundenheit mit der Menschheit 53
Vergänglichkeit 150–151
Vergebung 27, 126, 127
Verletzung 120
Von Tod und Sterben (Kübler-Ross) 28

Wandel, Bereitschaft für 199
Whitman, Walt 91
Widerstand 28, 29, 30, 32–34, 63, 67, 134, 138,
  184
Widerstand, minimaler 138
Williamson, Marianne 127
Winfrey, Oprah 134
Winterdepression 143
Wohlwollend hinnehmen 104

Zen 83, 85, 152, 164
*Zen und die Kunst, sein Glück
  in die eigene Hand zu nehmen* (Prentiss) 152
Zweite Person, Vorteile der Nutzung 59
12-Schritte-Programm 28, 166

DANK

Bei der Veröffentlichung dieses Buches hatte ich das Glück, mit dem talentierten Team von Octopus Publishing zusammenzuarbeiten, das in jeder Beziehung herausragend ist.

An erster Stelle möchte ich meiner hervorragenden Lektorin Leanne Bryan meinen Dank aussprechen. Ein ganz großes Dankeschön geht zudem an Polly Poulter, die versierte Projektmanagerin, und an Juliette Norsworthy, die als Art-Direktorin mitgeholfen geholfen hat, dieses Buch so traumhaft schön zu machen. Außerdem danke ich Alison Wormleighton, Corinne Masciocchi, MFE Editorial Services, Miranda Harvey, Giulia Hetherington, Jennifer Veall und Katherine Hockley für ihre ausgezeichnete Arbeit.

Ich möchte ferner John Willig danken, meinem großartigen Literaturagenten. Er ist alles, was man sich von einem Literaturagenten nur wünschen kann – und mehr. Ich bin dankbar für seine ehrliche Begeisterung und seine Unterstützung, und ich schätze ihn als offenen, hartnäckigen Geist.

Ich danke meiner Mutter und meinem Vater, meinen fünf Kindern, meinen Geschwistern und allen lieben Freunden und Familienmitgliedern, die mich auf meinem Weg ermutigt, unterstützt und geliebt haben.

Ich verbeuge mich, im Namaste-Stil, vor meiner Schwester Martha. Ich fühle mich gesegnet, die Reise mit ihr gemeinsam zu machen.

Es ist mir eine Freude, den Brüdern des anglikanischen Ordens Society of St John the Evangelist (SSJE) zu danken, die mir seit fast 20 Jahre einen sicheren Hafen und spirituelle Inspiration geben.

Ich danke den vielen klugen und inspirierten Ärzten und Wissenschaftlern, deren Arbeit meine eigene geprägt hat und die den Weg zum Verständnis von Selbstmitgefühl, Achtsamkeit, Akzeptanz und innerem Frieden vorangegangen sind.

Ich danke meinen Klienten aus diesen vielen Jahren – sie haben mich so viel über das Leben (und den Tod) gelehrt und mir das Privileg gewährt, ihre Begleiterin auf den Reisen des Herzens und der Seele zu sein.

Und schließlich – das Beste kommt zum Schluss – danke ich meinem Seelenverwandten, besten Freund, Kollegen, ersten Leser, Geliebten und Ehemann Daniel Bush. Du hast mein Leben mit Liebe gefüllt. Jedes meiner Bücher ist durch deine Hände gegangen. Ich fühle mich reich gesegnet, dich als Partner in allen Lebenslagen zu haben, nicht nur auf dieser Welt.